Por Ruas Empoeiradas e Solitárias E Outras Histórias

Por Ruas Empoeiradas e Solitárias

e

E Outras Histórias

Contos

Gift Foraine Amukoyo

Translator: Jordana Silva

Publicado por

TEKTIME

© Gift Foraine Amukoyo

Primeira Publicação em 2018

Primeira Edição, Novembro de 2018

Dedicatória

Isso é para as pessoas que estão passando por caminhos difíceis e equilibrados para alcançar feitos de sucesso na vida. Tudo o que é louvável é o resultado de esforços resilientes.

Para meu avô,

Willie Awerije

Agradecimentos

Devo apreciar as pessoas que me inspiraram a escrever essas sequências de contos. Se não fosse por eles, esta cópia encadernada seria um esboço esquelético da ideia de um escritor. Eme Awerije, Augustina Usman Amukoyo, Egwolo Edith Amukoyo, Adeniyi O. J. Adewole (Arc), e meus amados pais, Sr. e Sra. Amukoyo. Seus notáveis contos populares fazem minha tinta fluir incansavelmente. Obrigada a todos.

Sumário

Um

Ouro Adormecido

Azuka e seu namorado Jose tiveram filhas gêmeas. Um nascimento que a família dela havia aceitado, foi um erro e a deixaram permanecer na casa da família. Eles não a perdoaram quando ela teve outro par de gêmeos. Ela vivia com um vagabundo desempregado perpetuamente, que se mergulhou em jogos de loteria. Ele era um amante que não fez nenhum esforço para oferecer uma garrafa de Schnapps — um ritual de introdução formal à família.

Quando a maioria das meninas atingia a idade da puberdade, elas começavam a construir seu castelo. Elas imaginavam uma fortaleza dominante adornada com móveis magníficos. Elas se viam como princesas, esperando pelo dia em que seu Príncipe Encantado chegaria. Essas garotas construíam seu palácio no ar, onde os problemas humanos poderiam ser facilmente evitados.

Esse era o sonho da maioria das mulheres, mas o destino poderia ser desfavorável. Eventos infelizes podem ocorrer, obrigando a aceitação de circunstâncias esmagadoras e a assimilação de valores corrosivos.

A mulher abandonada sentou-se no chão nua, enquanto alucinava com suas fantasias da infância. Lágrimas se amontoaram nos olhos de Azuka enquanto ela observava seus filhos dormirem. Eram 2:44 da tarde e eles ainda não tinham acordado da noite passada. Pensando profundamente, sua consciência lutou consigo mesma sobre como os induzira a dormir com uma poderosa mistura de ervas. Ela tinha que fazer isso ou então estaria sofrendo desde a manhã, e eles, inquietamente infelizes. Era a única maneira de evitar que seus filhos acordassem com fome e zangados, como se tornou uma rotina diária por alguns anos.

Ela soluçou em seu trapo sujo, manchada de preto, o resultado do trabalho escasso que assumira de amarrar carvão para os clientes. Ela expeliu o catarro que bloqueava o nariz, e muco preto e espesso jorrou. Os olhos dela afundaram profundamente nas órbitas. Suas bochechas eram afiadas como ossos esculpidos. O pescoço dela enrugou como se estivesse no laço de um carrasco.

As crianças podiam acordar e chorar por comida. Eles estariam mais famintos por terem pulado o café da manhã e o almoço. O olhar em seus rostos famintos rasgaria o coração de Azuka, como fazia todos os dias. Ela não sabia em que porta bater.

— Meus vizinhos agora me consideram uma parasita.

Onde vou procurar um emprego que pague melhor ou implorar por ajuda? — ela disse em voz alta.

O último salário que ela recebeu do emprego de faxineira, Jose fugiu com o dinheiro. Seu coração doeu irremediavelmente porque o proprietário exigiu o aluguel, que está atrasado a seis meses. Ele havia avisado que a estrangularia ou a faria se juntar a ele em seu negócio de empacotar lixo fecal até que ela pagasse cada centavo.

Os pais de Azuka a deixaram à própria sorte. Eles romperam laços com ela e as crianças. Ela não ousou pedir ajuda a eles. A lembrança daquele capítulo em sua vida a drenou. Completando a magnitude de seus problemas e a incerteza que zombava dela ao permanecer acordada, ela adormeceu.

* * * * * *

O quarto estava escuro. Algo sacudiu Azuka de sua soneca conturbada. Ela ficou de pé cambaleando e caiu no chão frio. Ela usou as mãos para procurar cegamente pelo telefone. Suas mãos o alcançaram sob a velha prateleira vazia de madeira da televisão. Ela pegou o telefone Nokia com lanterna. O telefone estava preso por elásticos para impedir que ele se desmontasse. Ela o ligou, a luz iluminou fracamente a pequena sala. Azuka olhou nervosamente para o relógio na parede. Ela ficou curvada em seus pés. O tempo permaneceu parado exatamente às 2:44 da tarde.

— Oh. Ainda é dia? — Ela checou o telefone para saber a hora exata. Já passava de onze da noite. Ela olhou para o relógio de parede novamente e concluiu que ele havia parado. Azuka pensou que, pela manhã, ela perguntaria à vizinha se ela tinha duas pilhas extras de sobra.

Um mosquito bateu nos ouvidos dela.

— Oh, esse demônio sugador de sangue deve ter extraído o pouco sangue do corpo dos meus filhos. Minhas mãos doem de bater neles até a morte. Também vou pedir inseticidas ao meu vizinho. — Azuka de repente largou o telefone enquanto sua mente ia para o paradeiro de seus filhos.

— Taiwo, Kehinde, Martha, Michael… — Ela correu para a porta, seu trapo velho solto. Suas nádegas magras que uma vez foram quadris curvilíneos ficaram expostas. A mão dela congelou na maçaneta da porta. Ninguém a tinha tocado. A única chave estava em seu buraco.

Ela correu para o canto da sala onde estava o tapete de dormir. Suas mãos caíram sobre os joelhos dobrados enquanto ela os chamava freneticamente. As mãos de Azuka bateram neles como se estivessem correndo em um teclado de piano para iniciar a música, mas cada figura estava imóvel. Eles não emitiram nenhum som enquanto ela se arrastava sobre seus corpos silenciosos.

— Taiye, acorde, Michael, mamãe está chamando, Martha, chame seus irmãos. Eu prepararei comida. Vamos procurar algo para comer. Eu prometo. Meus bebês, por favor, acordem para a mamãe. Acordem! — Não houve palavras ou movimento das crianças.

O choro que ela soltou ao sentir o frio dos filhos acordou a vizinhança. Os vizinhos se reuniram. Ninguém chegou perto para consolar a mãe enlutada que se deitou em seus filhos falecidos.

— Pelo menos agora ela tem apenas uma boca para alimentar — disse uma mulher.

Outro respondeu:

— Sim, apenas seu estômago para alimentar agora. Que Deus a console, e talvez sua família a aceite de volta, agora que as crianças se foram.

Mais vizinhos apareciam para dar os pêsames a Azuka. Ela soluçou e tristemente cantou uma música.

* * * * * *

Um ano depois, Azuka podia comer qualquer tipo de refeição que desejava. Ela consumia uma variedade de comida em que podia colocar os dedos. Refeições destinadas aos ricos e pobres estavam à sua disposição. Na lata de lixo de qualquer restaurante local ou exclusivo, ela satisfazia seu apetite. Azuka também servia grandes porções às crianças presas à sua cintura. As bonecas de borracha sem vida pendiam na frente das cavernas espessas de sua feminilidade.

Em uma noite sem estrelas, três homens escalaram silenciosamente uma calçada que abrigava várias lojas improvisadas, uma delas servia como morada de Azuka. Os homens levaram Azuka para uma fábrica de bebês disfarçada de maternidade.

Essas inclinações foram desafios criados pelo estigma social em torno da infertilidade e do pecado da gravidez indesejada na adolescência. Alguns casais procuravam um acordo de barriga de aluguel quando a gravidez era medicamente impossível, ou um casal homossexual desejava ter um filho. Algumas famílias ricas preferiam métodos clandestinos mais baratos como substitutos da barriga de aluguel e fertilização in vitro. Portanto, eles escolhiam a adoção por meio de serviços sociais e médicos obscuros.

As fábricas de bebês ganharam terreno como um grande negócio para alguns nigerianos de mente irreverente. Algumas dessas fábricas de bebês pareciam lares para órfãos. Outros se registraram como igrejas e casas de caridade, mas funcionavam secretamente como fábricas de bebês, onde as mulheres jovens eram violadas para dar à luz ninhadas para venda.

Eles distribuíam as crianças para adoção em famílias, traficantes que treinavam as meninas para se tornarem prostitutas, enquanto outras trabalhavam em plantações, minas, fábricas e como empregadas domésticas. Essas crianças acabavam crescendo como escravos torturados.

Mulheres com gravidez indesejada, presas entre dificuldades econômicas, estigma e pobreza, geralmente eram peões neste jogo. As principais vítimas eram geralmente jovens solteiras de famílias de baixa renda que tinham medo da estigmatização social. Durante a busca por clínicas de aborto, algumas dessas meninas chegavam à fábrica de bebês, enquanto algumas prisioneiras da fábrica eram vítimas de sequestro.

* * * * *

Quando Azuka recuperou o controle de sua sanidade, ela aprendeu com suas colegas vítimas que a gerência a havia preparado para dar à luz um lote de bebês usados para rituais ocultos. Na sala de roupas de cama, onde ela aguardava o doador de esperma, Azuka viu seu antigo amante e pai de seus filhos mortos.

José ficou chocado no começo e depois envergonhado quando leu nos olhos liquefeitos dela todas as decepções e anos de turbulência, que ele havia feito Azuka passar. Ele hesitou.

Uma guarda gritou:

— Ei, Jose, apresse-se, penetre-a muito rápido, você ainda tem outras para visitar. Não perda tempo com aquela mulher louca.

Jose flexionou os ombros e tirou a calça. Azuka ficou imóvel enquanto ele entrava e saía com vinte e cinco golpes calculados. Ele cumpriu seu propósito e foi embora.

Jose se reuniu com a alta gerência. Ele insistia em que, dali em diante ele só acasalaria com a mulher se curada da insanidade. Como a agência não estava pronta para perder um fertilizante tão valioso, eles deram a Jose e Azuka uma suíte para morar. Eles deram à luz filhos e filhas vendidos para qualquer finalidade que a administração decidisse.

Dois

Por Ruas Empoeiradas e Solitárias

Sr. Oghenevwede segurou uma bengala e se lançou na cozinha. Ele bateu o ombro na porta e recalculou seus passos.

— Essa mulher não coloca minhas refeições na mesa. Ela chega em casa quando os galos cantam de manhã — ele murmurou para si mesmo.

Ele vasculhou a cozinha em busca de comida e encontrou um prato de sobras de feijão e pão no armário. Ele caminhou até a sala de jantar, colocou a bengala no chão e sentou-se para comer. Nesse momento, a senhora Oghenevwede apareceu cantando uma canção de adoração. Assim que avistou a refeição, ela xingou o marido com palavras cortantes.

— Vejo que o morcego pegou um pássaro pobre para comer.

— Bem-vinda de volta, minha querida. Espero que o sermão sagrado da vigília noturna tenha afundado profundamente em seu cérebro e ensopado seu coração com humildade?

— Eu sei que você possui uma língua vil e é por isso

que sua boca é capaz de comer comida azeda — ela levantou o prato e cheirou a comida — esta é uma refeição desagradável para um desgraçado. — Ela sibilou e recolocou o prato na mesa.

Sr. Oghenevwede suspirou.

— Sou cego e amaldiçoado com uma esposa maliciosa. Não tenho escolha a não ser fazer essas refeições. Na minha condição, acho gostoso.

— Para que serve esse discurso? Não comece. Eu estou com fome. Com os olhos bem abertos, aposto que você ainda vai se alimentar de lixo.

— Mesmo que Deus queira devolver minha visão, eu não gostaria. Eu desejo nunca mais te ver. Você me deixou inútil.

— Oh, por favor, pare com esses teatros…

— Por que você se tornou vil?

Sem qualquer remorso, ela respondeu:

— Olhe para ele. Bebê chorão. Você pode chorar para as paredes ouvirem e eu não me importaria. Seu longo discurso só conseguiu me deixar com mais fome — ela bocejou.

Ela destrancou um freezer no refeitório com uma chave da bolsa. Ela pegou uma panela pequena de sopa, entrou na cozinha, aqueceu no fogão e preparou-se para uma refeição suntuosa enquanto olhava para o marido com um olhar venenoso.

Tega entrou na loja de sua mãe. Ele estava vestido com uma calça e paletó combinando, camisa branca e gravata.

— Degwo, mamãe — ele cumprimentou sua mãe.

— Vre — ela respondeu e mediu um cliente.

Tega olhou por um tempo. Ele observou a mãe e os negócios dela. Ele deu uma olhada no relógio de pulso e pigarreou. — Mamãe, eu preciso de um favor, por favor.

— Fale, eu sou toda ouvidos.

Ele deu à mãe um olhar de desaprovação. — Aqui não, mãe, você pode me dar licença por alguns minutos? Vamos lá fora.

A senhora Oghenevwede olhou em volta da pequena loja: — Se você tem algo importante a dizer, fale. Você não pode ser tão idiota para não ver que estou muito ocupada — ela retrucou irritantemente.

Com um sorriso derrotado, Tega falou:

— Tudo bem então. Eu tenho um compromisso com um amigo. Eu preciso encontrá-lo na cidade.

— Você tem um compromisso com um amigo? Como isso afeta meus negócios? Você precisa de um acompanhante para ir com você ou precisa sugar mais leite

18

materno para lhe dar cérebro para a reunião? — Ela deu a ele um olhar condenador.

Tega encolheu os ombros. — Eu estava pensando que você poderia me ajudar com algum dinheiro. O dinheiro que tenho em mãos não pode me levar para Warri.

Ela suspendeu a tarefa e permaneceu ereta:

— Como se alguma vez você tivesse dez kobos na sua carteira.

Suas palavras chocaram Tega:

— Mamãe, por que você é assim? Você não deixa de me envergonhar, dada a menor oportunidade.

— Vejo que você tem um vínculo com vergonha. Você e a desgraça têm laços de sangue.

O cliente ficou chocado com as declarações da senhora Oghenevwede. — Ma, oh, isso foi bastante duro. Na verdade, é desnecessário — afirmou o cliente.

A senhora Oghenevwede não prestou atenção. Ela foi violenta. Ela jogou o rolo de fita e o bloco de notas no chão. — Oh, meu Deus. Que erro foi feito para merecer essa perseguição. Eu tenho um homem adulto com masculinidade viril, com idade suficiente para manter uma esposa e ter filhos, mas ele vem tirar meu pouco kobo.

— Mamãe, o que você está fazendo? Por favor, você está nos envergonhando. Pare com isso.

— Não me venha com essa de *mamãe* enquanto você

me mata devagar. Devo me tornar uma miserável às custas de você e do seu tolo pai patético?

— Mamãe, não faça isso. Não me faça perder a calma. Não me provoque a reagir de uma maneira que fará nós dois nos arrependermos.

— Cale-se. Você pode fazer o que quiser. Agora saia da minha frente. Deixe minha loja neste instante — ela empurrou Tega.

Tega apertou as mãos, soltou-as e saiu furioso. Ele desatou a gravata enquanto se afastava.

A mulher da loja de sua mãe andou rápido para alcançá-lo.

— Oi.

— Olá — disse Tega. Ele tentou acalmar sua raiva. *Droga, estou fora de controle.* Ele pensou e se sentiu mais desconfortável. O suor umedeceu sua sobrancelha. — Como posso ajudá-la — ele quase gritou as palavras para ela.

— Você não me conhece, mas eu sou cliente da sua mãe. Eu testemunhei a saga inteira lá atrás.

Em um instante, o semblante de Tega ficou na defensiva. Seus lábios mostravam irritação. Ela viu o constrangimento que estava no rosto de Tega.

— Confie em mim, eu vim como amiga. — Ela deu um sorriso deslumbrante para tranquilizar Tega de que não estava aqui para zombar dele.

O calor e a compreensão em seus olhos fizeram Tega relaxar:

— Sim, esse incidente que você testemunhou é o conto da minha família. Eu sei que é patético.

— Sinto muito por isso.

— Obrigado senhorita, senhora?

— Senhorita Clara... Mas é claro, você pode me chamar de Clara.

— O prazer é meu. Clara, obrigada pela sua preocupação.

Clara corou ao abrir a bolsa. — De nada. Aqui, pegue isso — ela estendeu um pouco de dinheiro; — Acredito que você terá um longo caminho até a cidade.

— Uau. Não posso agradecer o suficiente por esse gesto maravilhoso. Deus te abençoe muito bem, Clara. Obrigado.

— De nada, senhor?

— Tega, Tega é o meu nome.

— Tudo bem, Tega, é bom conhecê-lo.

— Igualmente, apesar de me desculpar pelas circunstâncias em que estamos nos encontrando.

— Está tudo bem, Tega. Considere isso como providência em ação. É minha esperança que você tenha melhores dias pela frente. Desejo-lhe um dia mais esplêndido e sucesso em todos os seus esforços. Tchau.

— Obrigado e tchau por agora. — Tega e Clara apertaram as mãos e foram em diferentes direções.

* * * * * *

Tega e seu pai estavam comendo à mesa quando a senhora Oghenevwede entrou na casa.

Ela atacou eles.

— Não me lembro de deixar comida na cozinha.

— Bem-vinda de volta, mamãe.

— Mesmo que nosso filho seja uma formiga, eu me tornei um rato?

Ela olhou arrogante:

— De onde essa refeição se materializou? Espero que nenhum de vocês tenha tocado meus alimentos?

— Estou falando com você, mulher. Pelo menos mostre alguma consideração por um homem que carregava vinho por sua causa.

— E daí se eu não tiver nenhuma consideração por um homem que tenha um barril miserável de vinho da palma para me arrancar do jardim florido de meu pai e me depositar em sua casa para bater em tanques como um escravo?

Tega ficou furioso. — Como se atreve a falar assim

com meu pai? Cristo. Sua atitude é desprezível, mamãe, mostre algum respeito.

— Você vai ficar quieto, seu jovem idiota covarde. Quando os temperos escaldam em uma panela fumegante, uma refeição não preparada não se vangloria como um cardápio saboroso.

— Onde nos perdemos? Onde eu errei? — Oghenevwede lamentou e balançou a cabeça com total espanto.

— Pergunte a si mesma, miserável — a senhora Oghenevwede bufou e se afastou para lavar a louça do freezer.

Tega parou de comer. A situação doentia de sua família o preocupava. Sua mãe os considerava parasitas. A cegueira do pai o impedia de conseguir um emprego.

Tega não conseguiu um emprego remunerado para comprar provisões para a casa. O negócio de alfaiataria de sua mãe fornecia necessidades básicas. Isso fez dela a única provedora da casa. Ela os alimentava diariamente com o veneno da boca, em vez de sustento da bolsa. Houve momentos em que Tega pensou que nunca houve amor entre seus pais.

Ele largou os talheres:

— Oh, isso é um absurdo. — Ele cerrou os punhos.

— Acalme-se, meu filho, e por favor termine sua

refeição

— Não papai. Eu perdi meu apetite.

— Você quer que eu perca meu apetite para comer e viver?

— Não papai — Tega pegou sua faca e garfo.

No dia seguinte, Tega e seu pai estavam tomando café da manhã.

— Papa, em breve não nos faltará nada. Se tudo correr como o planejado, pela graça de Deus voltarei para casa, com um emprego.

— Desejo e rezo para isso menino. Seu desemprego contínuo cessará neste dia. Aposto com a minha vida.

— Amém. No entanto, definitivamente não com sua vida, papai, Deus está encarregado disso. Papai, sua vida é mais preciosa para mim do que qualquer emprego que pague um bilhão de nairas.

— Amém. Esse é o meu filho. Desejo a você a melhor benção de Deus. Vá com cuidado.

— Obrigado, papai. Eu deveria ir agora. Não quero me atrasar.

— Mas é cedo. Se eu me lembro bem. Eles agendaram a entrevista para o meio-dia. São apenas oito horas.

— Sim, papai, mas é melhor eu chegar lá mais cedo do que tarde. Quero evitar o horário de pico e preparativos em cima da hora. Isso me deixa tenso. A espera na via expressa se tornou terrível.

— Sim, é verdade. É melhor você ir. Antes de sair, coloque meu telefone para carregar, por favor.

Tega pegou o telefone do pai da mesa e o conectou à caixa de extensão na sala de estar.

— Papa, está feito.

— Obrigado, meu filho.

Tega pegou as louças e foi até a cozinha. A senhora Oghenevwede o abordou. Ela fixou um olhar desdenhoso em seu elegante traje corporativo.

— Eu me pergunto o que estou perdendo nesta casa — ela perguntou a ninguém em particular. Ela apontou um dedo para Tega: — Ultimamente, você e seu pai estão aproveitando. Espero que você não esteja em atividades fraudulentas?

— E por que você faria uma pergunta tão imoral a nosso filho?

— É porque ele é o único que tem força para segurar uma arma de cano duplo. Você é um *dodô* fraco que não pode empunhar uma adaga — ela avaliou o marido — não vou dizer que você é o contador dele. Como um cego pode contar dinheiro? Seu único apoio será comer o resultado.

— Parece que você ficou louca — disse o senhor Oghenevwede.

— A forma como vocês dois estão jantando como rei

e príncipe nesta casa deixa espaço para suspeitas. O que alguém pensaria conhecendo seu status de desempregado?

— O que você está insinuando? — o senhor Oghenevwede perguntou.

— Nada, só espero que ninguém venha me prender por um crime do qual nada sei.

— Você é impossível. Estou desapontado. Suas palavras são odiosas. O que meu pai e eu fizemos para você? Eu deveria sair daqui. Não quero que sua brincadeira repugnante estrague meu dia. — Tega entrou na cozinha. Ele lavou a louça e saiu de casa.

— Para onde ele está indo? O que vocês dois não estão me dizendo? Espero que você não esteja escondendo algo hediondo de mim.

O senhor Oghenevwede continuou em silêncio. Ele foi até a sala e sentou-se confortavelmente.

* * * * * *

Tega se aproximou de casa. Ele estacionou o carro de sua nova construtora do lado de fora. Ele queria surpreender o pai com seu novo emprego como motorista. Ele entrou na casa e viu algumas pessoas chorando enquanto outras tinham rostos tristes.

— O que está acontecendo aqui? Mamãe, por que

26

essas pessoas estão em nossa casa? Diga-me por que as lágrimas e os rostos tristes?

— Oh, meu filho... — ela se jogou na cadeira. A senhora Oghenevwede chorou.

— Pare, mamãe, onde está o papai?

— Tega, é triste você ter que voltar para esse cenário. Tenha coragem, seja corajoso. — Um vizinho o consolou.

— Do que você está falando, senhor? Sobre o que você está tagarelando? Alguém pode se comunicar comigo em uma linguagem sã? Sobre o que é toda essa piada?

— Seu pai não existe mais — disse a Sra. Oghenevwede.

— Mamãe, eu não estou pronto para nenhuma das suas zombarias.

— Seu pai está morto. — Ela gritou.

Tega gritou e correu para o quarto de seu pai, seu cadáver coberto na cama. Ele abaixou a cabeça e gritou: — Não papai. Você precisa acordar.

A senhora Oghenevwede se ajoelhou perto de Tega. — Oh, meu filho, me desculpe. Você o amava demais. Isso é difícil para você, meu querido filho.

Tega virou-se lentamente para ver sua mãe. Ele enxugou as lágrimas com a palma da mão. — Sim, eu sei, você não precisa me lembrar. Eu era o único que o amava demais. Você o odiava muito.

— Não filho, não diga isso.

Ele falou devagar:

— Sim, você se importava muito. Eu fui testemunha. O que estou dizendo? — Tega riu dolorosamente. — Oh, apenas vá para o inferno, mamãe. Não adianta fingir agora. Você não se importava. Agora você deve estar feliz. Fique feliz por seu fardo ter diminuído. Se você acha que ainda tem um, não se preocupe, todos os seus fardos morreram. Todos nós fomos arrancados de seus ombros pesados.

— Não, meu filho — ela apertou as duas mãos na boca — não, meu filho. Por favor me perdoe. Não sei o que me possuía. Não me crucifique. Por favor, eu imploro a você. Eu sei que não era a melhor mãe e esposa. Por favor me perdoe. — Ela caiu no chão. Ela chorou em cima do cadáver. — Por favor me perdoe.

— Diga isso para as paredes, mamãe. Melhor ainda, você pode ir ao cemitério e gritar seu arrependimento.

— Por favor, meu filho, me perdoe. Eu amo vocês dois. Eu amei seu pai e ainda o amo.

— Como isso aconteceu, como meu pai morreu?

— Foi por choque elétrico.

— Meu Deus, ele teve uma morte horrível.

Ela esfregou as mãos como uma criança assustada.

— As torneiras dentro de casa pararam de funcionar. Eu tive que buscar água do lado de fora. Enquanto carregava a água para dentro de casa, algumas gotas caíram no chão. Eu ia limpar, mas isso me passou despercebido quando tive que correr para a loja e atender um cliente.

— Oh não, como você pôde mulher.

— Saí de casa às pressas. Uma cliente queria o vestido dela. Voltei para casa uma hora depois para ver seu pai, meu amado marido, com as pernas abertas no chão. Ele estava perto da caixa de extensão. Suas mãos colocadas no carregador do telefone. Era óbvio que ele estava indo pegar o telefone — seu pai foi eletrificado até a morte.

— Destino, por que você é tão cruel. — Tega chorou tristemente.

A senhora Oghenevwede embalou a cabeça do filho:

— A vida não era justa o suficiente para meu marido. Ele afastou as mãos de sua mãe.

— Onde está o telefone dele?

Ela desamarrou um nó em um pacote e tirou o pequeno telefone. Ela o entregou a Tega. Ele percorreu o registro de chamadas e viu as chamadas perdidas.

— Então, foi minha ligação. Eu não deveria ter tentado ligar para você, papai. Eu deveria ter dirigido direto para casa. Papai, gostaria que você não tivesse tentado atender minha ligação. Oh Deus, por que, por que você fez meu pai receber dessa maneira? — Ele inclinou a cabeça no cadáver e chorou.

Nenhum todos os elogios que a avó de Oghenevwede tinha dado a ele o atingiram. Ela havia declarado que, antes que ele subisse em suas câmaras ancestrais, ele atingiria as alturas de Omiragua — um título distinto concedido a um homem de alta personalidade e próspero em ações filantrópicas e liderança exemplar em sua comunidade.

Quando Tega derramou areia no caixão de seu pai, ele decidiu ir para longe de sua mãe. Antes do canto do galo, Tega pegou o primeiro ônibus para a cidade.

* * * * * *

Tega chegou à cidade ao entardecer. Ele não tinha dinheiro para se hospedar em um hotel. Ele conheceu um estranho que o levou para debaixo da ponte. Tega ficou à vontade em uma cama improvisada. No meio da noite, ele acordou com sede e bebeu meio sachê de água que encontrou em um banco quebrado. Antes do amanhecer, ele enfiou as nádegas no canal para aliviar o intestino. Não havia papel higiênico para limpar as nádegas. Ele usou sua pequena toalha de rosto e a jogou nas fezes.

— Oh garoto, você vem comigo. Você diz que vai me seguir e rápido.

— Sim, meu Oga, embora eu vá, vou tentar lavar minhas mãos primeiro.

— Então, agora eu sou inútil, certo? — O jovem irritado esfregou o peito. Ele amarrou firmemente a calça com uma corda suja.

— Como assim, chefe?

— Onde você vai conseguir água? Devo esperar enquanto você visita o mar mais próximo em Lagos? Por favor, vamos logo. Eu já fui tão puro quanto uma camisa branca nova. — Foi então que Tega notou a face aristocrática cinzelada dele. — Vamos. Estamos atrasados.

— Sim, estou logo atrás, chefe.

— Você pode me chamar de Aristocrata.

Tega sorriu. — Foi bem o que pensei.

Em um beco escuro, eles viram dois ratos brigando. Uma era tão grande quanto um coelho. Em segundos, o maior atacou sua presa até a morte e correu para o amplo buraco que ambos queriam atravessar com pressa.

Eles caminharam pela rua no rápido despertar iluminado com os faróis dos motoristas. Eles seguiram outros pedestres que andavam como robôs até seus vários destinos. Tega ficou surpreso que ninguém olhasse para trás ao ver os veículos buzinando para que eles saíssem do caminho. Eles apenas se separaram galantemente como o mar vermelho e se aproximaram sem olhar.

Eles entraram em um ônibus com destino ao coração de Ikeja. O condutor era um irlandês.

— Ei, Baba, sou leal ao seu governo. — Em uma homenagem a lealdade, Aristocrata tocou o cotovelo na palma da mão para o condutor do ônibus. Aristocrata rapidamente colocou a mão de volta no teto do ônibus e depois sacudiu o condutor pelo pulso porque a mão dele estava cheia de dinheiro.

Viajar no ônibus era perigoso. Alguns morriam porque não podiam pagar a tarifa. Os skatistas também se agarravam aos veículos, movendo as rodas rapidamente com o ônibus por diversão.

Tega olhou com admiração a estrada cheia com vários veículos. Ele ficou encantado com a forma como mil pés podiam andar em um espaço que não era grande o suficiente para cinquenta pessoas. Pedestres carregavam as pernas como se estivessem ensaiando uma passeata em um desfile.

No ônibus, um homem de Deus pregou sermões de arrependimento e preparação para os últimos dias na terra. Ele passava sua mensagem de um alto-falante portátil enquanto uma mulher mascava chiclete fazendo barulho.

A campeã do chiclete e o profeta móvel não respeitavam o fato de que algumas pessoas só precisavam dormir um momento antes de chegarem a seus destinos. O pregador começou a expulsar demônios e doenças que, segundo ele, alguns dos passageiros possuíam.

— Irmão, é um mau sinal rabiscar o nome de alguém com tinta vermelha. Você coloca a vida dessa pessoa em perigo e atrai uma batalha sangrenta com o diabo para alma dele ou dela — disse ele a um jovem que estava anotando detalhes de uma conta bancária no verso de um cartão de visita. O garoto o ignorou e continuou escrevendo.

O pregador continuou: — E quem é você que não semeia na casa do Senhor, porque seus salários ou ganhos são escassos? — Ele esperou o silêncio dos passageiros. — As bênçãos de Deus não dependem do peso do seu dízimo. A partir de agora, você pode ir à sua igreja ou a qualquer lugar de culto que acredite na Bíblia e dar alegremente à casa de Deus. Assim como esse condutor aqui, ele pode dar qualquer coisa do que recebe da viagem para mim e para a vinha do Senhor. Não se defendam das bênçãos de Deus.

— Você, pastor, você também fala de qualquer maneira. Então, meu dinheiro não chega perto dos seus olhos agora. É por isso que eu não gosto de carregá-lo no meu ônibus.

— A paz do senhor pode habitar em sua alma? Você não está feliz por Deus estar usando seu veículo para transmitir sua mensagem pelo discípulo ungido?

O condutor agarrou a lapela da jaqueta do pregador. Ele suspirou: — Você e este casaco de idiota. Não quero ofender a Jesus, não me faça jogá-lo para fora deste ônibus.

Por favor, tenha cuidado dentro deste ônibus — ele soltou o pregador. Ele jogou a cabeça para trás para avisar os destinos dos passageiros: — Ikeja Along, Oshodi, Nacional!

O motorista pressionou bruscamente o freio quando um empurrador de caminhão descuidado entrou na estrada. Isso empurrou o pregador que estava de pé. Preservativos caíram de sua Bíblia.

Aristocrata fez sinal para Tega descer ao pé de uma ponte. Eles caminharam para um canto irregular, onde um homem magro estava lendo um livro, com os óculos no nariz.

Ele era o mentor dos ataques que se tornaram uma ameaça na sociedade. Ele havia supervisionado muitos ataques que mataram policiais, despojaram delegacias de armas e munições e também de prisioneiros. Tanto recrutas antigos quanto novos da força policial temem seu codinome. Os que estavam nas áreas fronteiriças oravam fervorosamente por segurança.

Desconhecido pelas forças de segurança que patrulham a estrada todos os dias, o "professor" insano era o "Homem do Terror". Ele pegou duas pesadas sacolas de couro debaixo da mesa de cozinha e jogou uma em Tega e outro em Aristocrata.

— Vamos. Vou informá-lo de nossas operações no

caminho — disse Aristocrata.

— Isso são armas? — Tega perguntou, perplexo.

Aristocrata o calou quando o Homem do Terror, lhe repreendeu cruelmente com seus frios olhos escuros.

Onde a luz do dia brilhava, a escuridão também aparecia. Eles nunca poderiam coexistir. Desenvolvimentos recentes de segurança mantinham perspectivas de segurança notáveis, enquanto a violência física, as pragas psicológicas e médicas ainda eram excessivas na cidade e nos arredores rurais.

Esse conhecimento despertou o medo do desconhecido em muitas pessoas. O Homem do Terror e seus gostos eram uma ameaça para as sociedades. Comerciantes locais e internacionais não podiam fazer negócios em paz. O esconderijo dos criminosos pode não estar muito longe das estações das forças de segurança. Eles poderiam ter um cão de guarda colocado nessas vizinhanças para alertar suas gangues sobre o movimento da polícia.

* * * * * *

Aristocrata recebeu uma ligação do revendedor de carros que acabara de vender um carro. Eles foram para tomar o veículo novo de seu proprietário. Tega o levou para uma garagem escondida onde o veículo era modificado.

Tega não fazia ideia de que Aristocrata era um ladrão de carros. Ele pensou que iriam fazer algum trabalho decente em Ikeja. Ele pensou que talvez eles procurassem compradores de telefones, laptops, acessórios ou para reparos e fizessem outros trabalhos estranhos para sobreviver.

Quatro dias depois, Tega se recusou a receber sua parte do dinheiro.

— Não quero me envolver em atividades criminosas. Eles não nos pegaram. Eu tive sorte dessa vez. Minha consciência não vai me poupar se eu me aprofundar no crime. Isso pode me matar. Aristocrata, você pode ter minha parte. — Aristocrata zombou e embolsou o dinheiro.

O empurrador de caminhão de quem Tega contratou seu carrinho de mão ainda não voltou ao mercado. Com o único dinheiro que ele tinha com ele, ele comprou uma garrafa de Coca-Cola e pão de forma.

— Então, este é o tipo de vida que você prefere, não é? — Aristocrata se juntou a ele no banco. — Você prefere se alimentar dessa refeição miserável. — Ele cortou um pedaço do pão. Aristocrata mastigou e engoliu um pouco da garrafa de Coca-Cola. — Por que você não se junta a mim no meu trabalho, você é um ótimo motorista.

— Não, cara, eu não quero me envolver com esse tipo de coisa. Eu só quero trabalhar o suficiente para que eu possa pelo menos sair dessas ruas.

— Se você trabalhar nesse ritmo, nunca poderá sair deste lugar até ficar velho como aquele homem barbudo cinza vendendo maçãs. — Ele apontou para um velho com uma bandeja de maçãs verdes na cabeça. Sua bolsa de dinheiro estava amarrada na cintura.

Aristocrata saudou uma senhora gorda, que vendia ervas.

— Dê-me agbo jedi, ervas para parar a disenteria, cinquenta nairas. — Ele tomou um gole da bebida quente em um copo pequeno e passou para Tega.

— Não estou interessado — disse Tega.

Aristocrata engoliu a erva e pagou a vendedora.

— Pense nos negócios, você vai ganhar muito dinheiro. Melhor ainda, você se junta a mim em uma campanha local. Um grande político me contratou para supervisioná-lo. Nós apenas pegamos as urnas e recebemos dinheiro legal. Isso seria um trabalho mais limpo para você, certo? — Ele não esperou por uma resposta. Ele deixou Tega pensar em sua proposta.

Tega se perguntou por que Aristocrata tinha que beber sua Coca-Cola, quando ia lavá-la com agbo jedi.

— Curando sua barriga cheia de doces, de fato. —

Tega sorriu.

* * * * *

Aristocrata estava no telefone com sua esposa.

— Você não verificou seu Facebook Messenger.
Enviei fotos do primeiro dia das crianças na escola para sua
caixa de entrada — disse sua esposa.

— Eu não vi, querida.

— Realmente — ela parecia surpresa.

— Sim.

Ela checou o telefone: — Oh, desculpe, querido, eu
não sabia que a mensagem falhou. Vou enviar novamente.
Sugiro que façamos uma chamada de vídeo. As crianças
estão de volta da escola e ainda de uniforme.

Aristocrata recusou a sugestão de uma chamada de
vídeo, porque revelaria que sua localização não era o
ambiente de colarinho branco que ele fingia para a família
ser onde trabalhava.

— Eles estão animados por voltar à escola depois que
conseguimos pagar os três empréstimos, obrigada querido,
pelo dinheiro. Enchi a boca do proprietário com o dinheiro
quando ele começou a tagarelar que não permitiriam que as
crianças entrassem na escola. Querido, agora podemos
pagar três refeições nutritivas por dia e usar boas roupas

38

novamente.

— É meu dever. Eu tenho que cumprir minhas responsabilidades. — O sorriso largo do Aristocrata quase combinou com a voz jubilosa de sua esposa.

— Que Deus continue prosperando nas fontes de sua renda. Espero que você esteja bem, querido.

Tega ouviu a esposa de Aristocrata com profunda preocupação. O microfone do telefone de Aristocrata estava ruim. Ele teve que colocar no alto-falante. Aristocrata os abasteceu com dinheiro ilícito. Tega sentiu simpatia por ela e pelos filhos inocentes.

— Por que você está enganando sua família? Isto não está certo. Sugiro que você procure maneiras de ganhar dinheiro honestamente, pelo bem deles.

— Você pode manter suas opiniões para si mesmo? O futuro deles é o que estou garantindo. — Ele deu a Tega um olhar ameaçador.

— Você pode garantir a eles um futuro seguro com dinheiro ilícito?

— Cara, se você não calar a boca agora, eu juro que vou quebrar a garrafa na sua cabeça. Vou colocar os pedaços quebrados em seus lábios para cicatrizar sua fofura por toda a vida. Você acha que estou menos preocupado com minha esposa e filhos, filhos que tiveram que fazer uma loja improvisada em sua casa por anos? Você acha que eu gosto do que estou fazendo? Você acha que eu tenho prazer na vida que levo? Talvez quando você perder dois filhos para as mãos da morte porque não pode depositar adiantamentos para os médicos iniciarem tratamentos médicos, então você entenderá por que vivo essa mentira. — Aristocrata tirou maconha do bolso. Ele raramente fumava, exceto quando estava emocionalmente machucado. Ele soprou a fumaça. Anéis de fumaça se formaram no ar quando ele pensou em sua próxima operação.

No dia seguinte, Aristocrata roubou um Toyota Hilux do revendedor de carros. Ele dirigiu para o aeroporto e pegou um Aboki na casa de câmbio. Ele alegou ser do Comando de Área.

Ele mostrou uma identidade falsa da polícia.

— O Departamento quer trocar um pouco de naira na estação — disse ele fluentemente em Hausa.

Na chegada, eles estacionaram na entrada da estação. Ele entrou e pediu ao Aboki que sentasse embaixo da garagem. Mais tarde, ele saiu: — Aboki, o Departamento está ocupado em uma reunião. Ele quer trocar cinquenta milhões de nairas em dólar. Continue contando o dinheiro. Ele encontrará você em breve — ele disse e o negociante contou o dinheiro.

Aristocrata pediu que colocasse o dinheiro em um envelope. Ele não tinha nenhum e correu para comprar.

Ele deixou seu assistente no comando. O Aboki estava confiante na área protegida, sem saber que estava lidando com um criminoso experiente. Aristocrata habilmente tirou o dinheiro do bolso do assistente. Ele escondeu o dinheiro em seu terno francês e pediu licença para entrar na delegacia. Ele fez um desvio e escapou.

* * * * * *

Mais uma vez, Tega encontrou Clara no mercado. Ela tinha pedido um ajudante, e Tega correu em sua direção com um carrinho de mão.

Ela era uma detetive especial antirroubo no Comando de Área. Ao perguntar como ele estava, Tega contou como ele estava determinado a ganhar a vida. Ele contou a ela sobre as criminalidades que vira há pouco tempo desde que se mudou para a cidade.

Sem o conhecimento de Tega, ele dera à detetive Clara a oportunidade de uma vida para apreender um criminoso notório. No dia seguinte, Clara e seu esquadrão cercaram o esconderijo. O Homem do Terror tentou desaparecer, mas seu truque falhou. Ele começou a correr. O esquadrão anticrime de Clara o matou a tiros.

Aristocrata procurou Tega por causar a morte de sua principal fonte de sobrevivência. Tega se virou quando percebeu que o homem enfurecido apontava para seu coração. Aristocrata errou e o esfaqueou no ombro.

— Solte sua arma e coloque as mãos atrás da cabeça — uma voz chamou quando Tega caiu no chão em agonia. Aristocrata obedientemente fez como ordenado.

— Tega — Clara caiu no chão ao seu lado.

— Clara, você está aqui.

— Você vai ficar bem. Alguém chame a ambulância.

— Diga à mãe que sinto muito. Eu a…amo…

— Não, Tega fique comigo, você mesmo precisa contar a ela. Fique comigo, Tega. — Ela balançou a parte superior do corpo dele nas coxas até ouvir a sirene da ambulância. A esperança brilhou nos olhos dela.

Três

A Era Cega dos Sábios

Rukevwe veio ver sua amiga de infância no hospital. Nina tentou se suicidar porque não tinha pretendente. Apesar de ser uma cristã firme e *uma candidata a boa esposa e de boa qualidade*, ela era solteira.

No quarto compartilhado, Rukevwe ouviu um grupo de jovens que vieram fazer companhia à amiga enquanto ela cuidava do avô. Eles discutiram sobre a escola e sobre ter as carreiras com as quais sonhavam.

À noite, Rukevwe acordou para se aliviar. A jovem estava dormindo profundamente em uma cadeira de plástico, com a cabeça apoiada na lateral do leito do avô doente. Rukevwe a admirava por cuidar dele com devoção.

À meia-noite, a voz abafada dela acordou Rukevwe.

— Por que vovô, por que você não me acordou? — Ela olhou para a perna dele, pingando excrementos aquosos. Ela falou em tom baixo para o homem fraco que parecia triste. Ela o levou ao banheiro para um banho completo.

Antes de saírem, Rukevwe limpou o colchão de borracha e trocou a capa da cama. O hospital era pequeno e tinha poucos funcionários.

Rukevwe tocou o ombro da jovem e disse: — Minha querida, você fez bem e Deus a abençoará muito. Algumas outras famílias abandonariam pessoas idosas como seu avô. Devido ao descuido de algumas crianças, os idosos se perdem e nunca mais retornam. Em nossa sociedade africana tradicional, os idosos são fundamentais. São arquivos de grande conhecimento, guardiões de valores e tradições. Tendo passado seus primeiros anos para garantir o bem-estar de seus filhos e parentes, eles merecem ser apoiados no crepúsculo de suas vidas, vivendo, pelo menos, em felicidade básica e conforto relativo.

— Isso é tão difícil tia.

— Você tentará porque não achamos culturalmente aceitável manter nossos pais ou avós sob cuidados externos. É um orgulho do clã cuidar e fazer as provisões necessárias para os idosos. A sociedade percebe um tratamento contrário às pessoas idosas como irresponsável e até desumano, pois a presença de pessoas idosas é geralmente reverenciada como um símbolo eterno da sabedoria, adágios e parábolas, bem como uma bênção para as famílias terem longevidade em suas linhagens.

Algumas regiões têm visto os centros de assistência à idosos crescerem sob uma geração negligente que se recusa a prestar assistência ou em parte à incapacidade da maioria de atendê-los. Algumas crianças são imperturbáveis e céticas quanto às desvantagens dos lares de idosos. Eles condenam casos relatados de abuso, desrespeito e negligência grave por parte dos cuidadores. Deus certamente a abençoará por essa demonstração de amor e carinho que você dá ao seu avô.

A jovem agradeceu a Rukevwe e gentilmente cobriu o avô na cama. Quando o velho caiu em um sono confortável, um sorriso suave apareceu em seus lábios. Rukevwe espiou a garota quando ela inclinou a cabeça e chorou silenciosamente.

De manhã, sua mãe veio assumir o posto. Ela trouxe café da manhã e almoço em três caixas térmicas. A jovem correu para seus braços e chorou profusamente.

Sua mãe a abraçou e acariciou suas costas. Ela sabia que sua filha tinha visto o outro lado da vida representado pelo processo de envelhecimento doentio. Ela agradeceu à filha pela ajuda e a acompanhou até a porta para ir para casa e descansar.

* * * * * *

Oyovwikemo estava colhendo frutos das boas ações que semeou quando jovem. Ele pessoalmente levara Mimi, a última criança sobrevivente de seu avô, para os outrora barulhentos muros de sua casa paterna.

Seus netos maltrataram Mimi. Eles a consideravam uma bruxa que 'comeu' todos os seus filhos, exceto um, que era fraco e sem graça.

Em um dia arrasador, Mimi tentou separar dois de seus netos em uma briga. Um deles a empurrou.

— Ochuko, você me empurrou? — Ela perguntou à jovem.

— Sim, eu fiz, sua velha bruxa, quem te chamou aqui. — Ochuko havia aplaudido e vaiado.

— Ochuko, eu cuidei de você quando sua mãe morreu durante o seu parto.

— Você não a matou? Você é uma bruxa malvada — disse Ochuko.

Em lágrimas e com raiva, Mimi a amaldiçoou. Ela havia declarado que os filhos de Ochuko fariam o mesmo com ela. Aquele foi o último dia em que levaram suas mãos miseráveis a Mimi.

Por causa do ressentimento, seus parentes paternos a levaram de volta para casa. Com as provisões de Oyovwikemo, os primos de Mimi cuidaram dela, enquanto ela fazia vigorosamente algumas pequenas tarefas para aliviar os jovens de alguns encargos antes de morrer.

Rukevwe parecia exausta enquanto arrastava sua sacola de compras para casa na chuva fina. Dentro da casa, seu sogro estava colado à televisão. Ele estava absorto nas notícias das 19h. Seu filho adotivo estava ocupado resolvendo algumas equações de sua tarefa escolar.

Rukevwe foi direto para a cozinha. Ela colocou a comida nos locais apropriados. Ela voltou para a sala e caiu na poltrona mais próxima. Ela cumprimentou Oyovwikemo, mas, como sempre, ele estava absorvido pelas notícias.

Ele resmungou sobre questões predominantes na sociedade que estavam rapidamente se tornando ameaças. O descontentamento se formou em seu rosto quando ele respondeu aos cumprimentos dela com atenção afetuosa, mas dividida. Rukevwe, acostumada com a natureza descontente de seu sogro, aceitou suas respostas desatentas com gentileza.

— Papa, você não deve prestar atenção às notícias ruins. Você não quer que sua pressão arterial suba. — Ela o advertiu e mudou para um canal de filme. Rukevwe foi para a área de jantar.

— Olá Chris. — Ela bagunçou o cabelo dele. — Espero que seu dia na escola tenha sido esplêndido. É bom ver você fazendo sua lição de casa.

Chris parecia aflito.

— Mãe, seja bem-vinda de volta. A escola foi bem. Tenho dificuldade em resolver algumas equações. —

Rukevwe se sentou e juntos resolveram o problema.

— Mamãe, estou com fome. — Ele esfregou o estômago e abraçou Rukevwe. Eles foram para a cozinha juntos.

Depois do jantar, Oyovwikemo contou a Rukevwe como ele cuidava de sua mãe nos últimos dias dela.

— Uma mulher cega por diabetes por muitas décadas viu antes de sua morte. Ela chamou meu nome e perguntou baixinho. *Por que você está parado ali chorando?* Ela até disse à sua falecida sogra para deixar o canto da sala onde estava sentada e vir ao lado da cama.

— Uau, como pode isso? — Rukevwe perguntou.

— Melhora, isso se chama melhora.

— Melhora? — Rukevwe estava impressionada.

— Ouvi dizer que um pai que tem um filho não tem filhos, porque é mais provável que uma filha acomode seus pais em sua casa. No entanto, minha mãe amorosa teve um filho em seu filho. Eu estava lá para cuidar dela. Que Deus nos ajude que nossos dias cinzentos não serão um fardo para nós. A velhice nunca pode ser temida. É um lindo sentimento infantil. O choque do abandono mata pais fracos como eu. Sabendo quão inflexível meu filho estava comigo vindo para cá, você veio à vila e me levou pessoalmente para sua casa. Descobri que você o convenceu a construir uma casa maior que eu possa ter minha ala pessoal.

Ultimamente, quando alguns idosos enfrentam problemas de saúde, seus filhos os escondem em casa e não atendem adequadamente às suas necessidades médicas. A maioria das crianças despeja os pais doentes nas mãos de frustrados e casas de idosos e cuidadores descontentes da cidade. Esses velhos parentes permanecem mudos em uma prisão amorosa de faxineiros que maltratam e ameaçam lidar com eles se expressarem seus descontentamentos. As crianças ficam irritadas e não conseguem suportar, pois as idosas aliviam os resíduos da bexiga e do intestino em seus corpos. Eles odeiam o cheiro do bálsamo e do antisséptico. Às vezes, quando os faxineiros não conseguem manter os empregos, eles fogem. As crianças então os trancam em casa quando precisam sair para o lazer e trabalhar, pois, essas gerações sempre estão ocupadas. Eu tenho sorte de ter você. Você cuida bem de mim.

— Papa, eu não fiz muito. Seu filho tem as melhores intenções. Acredite em mim quando digo isso para você. — Ela deu um tapinha na mão frágil dele.

Oyovwikemo bufou.

— Sabe, minha filha, quando soube que você me traria para a cidade, as pessoas me convenceram a não ter esperanças. Além disso, quando você se manteve fiel à sua promessa, eles disseram que eu não deveria ficar muito à vontade e achar que você cuidaria bem de mim. Se eu fosse seu pai biológico, você me deixaria ficar até meus ancestrais me chamarem para casa. Aqui estou eu, com você e meu filho, em seus braços cheios de extraordinário cuidado e amor.

— Oh, papai, eu nunca poderia voltar atrás em minhas palavras para você. Se eu não cumprir minha responsabilidade como sua filha e cuidadora, quem o fará? Você, meu marido e filho são meu tudo.

Oyovwikemo suspirou tranquilizadoramente e deu um tapinha nas costas dela. — Deus te abençoará e fará com que você prospere imensamente em todas as esferas da vida, minha querida. Sua casa ficará cheia de risos das crianças e seus pés correrão excitados por toda a casa... Ise...

Rukevwe esfregou o estômago — Amém — disse ela apaixonadamente.

— Sabe, minha filha, fiquei feliz quando minha mãe melhorou antes de sua morte. Eu me juntei à minha esposa do outro lado da cama. Ela havia pedido para comer caracóis, algo que ela parou de comer depois de se casar com o pai do seu sogro. Não fiquei surpreso com o pedido dela. Percebi que ela estava morrendo. Isso me fez chorar, mas era um choro de felicidade, porque tive a oportunidade de passar seus momentos finais com ela.

— Oh papai...sinto muito. Deve ter sido difícil para você.

— Minha esposa estava animada por sua sogra estar melhorando. Eu não queria tirar a alegria dela. Eu e, claro, minha mãe, sabíamos que sua hora estava próxima. Minha mãe me persuadiu a sair para uma missão oficial. Eu não a deixei me enganar. Não deixei seu velho cérebro inteligente me enganar enquanto se preparava para a grande jornada. Foi isso que meu pai fez. Ele mostrou grandes sinais de recuperação e nós o trouxemos do hospital para casa. Não tínhamos ideia de que a hora dele estava próxima. Meu pai, que adorava falar na língua do homem branco pois era professor universitário aposentado, começou a falar e cantar em seu dialeto. Eu nunca soube que ele podia falar Okpe fluentemente.

— Agora você quer me fazer chorar, papai. — Rukevwe enxugou os olhos.

— Não, minha querida, isso já passou. Mal sabíamos que ele não queria que testemunhássemos sua partida. Quando voltamos, ele estava morto. Rukky, você gostaria que eu melhorasse por muitos meses para que você não precise cuidar muito de mim.

Rukevwe sorriu e balançou a cabeça. — Papa, eu sempre estarei aqui para você. — Oyovwikemo sorriu contente.

O envelhecimento faz com que as pessoas fiquem menos ativas, frágeis e expostas a mais riscos de contrair doenças. Nos países em desenvolvimento, governo, ONG e FBO implementaram políticas para lidar com o atendimento a idosos, principalmente aqueles sem filhos. Eles adotaram um conjunto de princípios para idosos e os membros do estado os incorporaram em seus programas para idosos.

Casas missionárias respeitáveis eram principalmente os salvadores de cidadãos idosos e doentes nas ruas. Algumas dessas casas filantrópicas às vezes eram inadequadamente equipadas para cuidar desses idosos devido à falta de fundos. Eles geralmente exigiam suporte, principalmente na parte financeira. A incapacidade de algumas dessas organizações e membros da família de cuidar de idosos era evidente no número de idosos que são pedintes em quase todas as partes do país.

* * * * * *

Poucos meses depois, Oyovwikemo ficou gravemente doente. Rukevwe correu do trabalho para casa.

— Papa — ela deslizou para o chão ao lado dele e segurou suas mãos muito fracas, como se a força dela fosse torná-las fortes novamente. — Não vá, papai. Lamento não estar em casa para atender às suas necessidades. Mas estou de volta agora para substituir esse nosso menino travesso.

— Seu filho estava chorando na janela.

— Não, ele tem sido um bom garoto, foi legal comigo. Eu morrerei um homem realizado. — Oyovwikemo declarou em uma voz fraca.

— Melhore por nós, papai, por mim — ela colocou a mão fria em seu peito.

— Minha filha, minha preciosa — ele acariciou sua bochecha.

— Fique, papai, não vá embora sem carregar um filho do meu ventre. Papai, você vai embora quando sua filha ainda está para conceber.

— Carregará uma árvore eterna que dará frutos de grandes raízes, e galhos indomáveis florescerão.

Oyovwikemo pediu ao filho para pegar algumas folhas atrás do quarto. Ele havia cultivado um jardim perto da janela na primeira semana em que chegou na casa. Em menos de cinco minutos, Ruemu correu para a sala com elas. Ele entregou ao pai, que pegou um pouco e as condensou com os dedos frágeis.

— Abra as mãos — ele instruiu Rukevwe.

Rukevwe abriu bem as palmas das mãos. Ele puxou seu corpo para frente com grande esforço. Ruemu apoiou as costas dele com os braços.

— Tome, tome um gole — Oyovwikemo apertou o líquido esverdeado na palma da mão dela.

— Beba. À medida que o líquido circula na sua língua, os ovos devem borbulhar para tocar a doçura do rico jardim. Esfregue-o no estômago; deixe que eles provem mais da fonte. Você dará frutos… — Oyovwikemo caiu na cama e dormiu em descanso eterno.

Quatro

Ecos do Atlântico Oco

Silêncio ecoou no clima agradável do Atlântico seco. A antiga praia era um canteiro de obras silencioso, com as obras suspensas durante o fim de semana. Parecia que o lugar sentia falta de todos os pés de antigos amantes e criadores alegres, seus velhos amigos dificilmente vem para dizer olá em sua distante solidão.

Foi um momento nostálgico, parada nos portões computadorizados do megamundo agora estranho e inacessível a outros e a mim que se deleitava com alegria selvagem, orgulhosamente vagava pela praia e patinava com os pés na água salgada. Tínhamos desfrutado de bifes assados em uma fogueira, acompanhados com pimenta, cebola e tomates frescos. Tínhamos ido de uma venda para a outra, provando grandes pedaços de carne que acabamos não comprando. Os vendedores de churrasco insistiram que pagássemos em nossa próxima visita trazendo jornais velhos.

Para criar a nova cidade, a Praia de Bar e a Praia de Kuramo foram extintas. Novas praias começaram a contar com o apoio de turistas e por quem procurava diversão.

Lugares como as praias de Lekki e Alpha tornaram-se pontos centrais para recreação. O período também viu o surgimento de praias particulares como Oniru e Elegushi. As praias particulares pareciam mais limpas, mais seguras e melhor organizadas. Isso atraiu muitas pessoas que normalmente não chegavam perto das praias por medo de serem molestadas por malfeitores.

Fiquei tentada a entrar quando um segurança abriu os portões. Não havia crime em ver meu local de brincadeiras da infância. Eu entrei majestosamente. Eu pensei que os guardas queriam fazer minha vontade por um tempo. Fiquei feliz por meus pés terem avançado na direção das ondas majestosas da Praia de Bar.

O segurança gritou:

— Pare aí mesmo. Por favor, volte.

— Quero ver a praia.

— Não há mais praia, você pode ver por si mesma.

— Certamente, se eu for mais longe, estarei de frente para a água.

— Onde você esteve, senhora, a água agora está cheia de areia. Esta extensão é agora terra nua, um emergente Dubai Nigeriano.

— Posso avançar um pouco mais, por favor? — Forçando os olhos, pude ver onde a água do mar salgada e espumosa costumava estar. Carros dirigiam em estradas asfaltadas, onde inúmeros pés costumavam andar descalços na areia. Ao longe, vislumbrei escavadeiras monstruosas colocando pedras em caminhões pesados.

Por seus óculos escuros, o segurança me avaliou:

— Ao que parece, você não conhece as regras. Tenho certeza de que você veio aqui sem passar pelo protocolo padrão de obter autorização do Administrador do Local. Se você quiser sentir o vazio do oceano seco, pode checá-lo, mas aposto que o escritório já fechou por hoje. É fim de semana. Você tem uma chance na segunda-feira se obtiver um passe.

— Sério?

— É o único jeito. Isso agora é propriedade privada e não é facilmente acessível ao público.

— Uau. — Fiquei surpresa por ter me tornado uma total estranha para minha amiga 'Sra. Lindo Oceano com o Rabo de Tubarão' como eu chamava carinhosamente a praia.

— Sim, alguma outra hora senhora, talvez.

Essas foram suas últimas palavras, implicando educadamente que eu saísse. Eu refiz meus passos. Minha mente viajou para o passado. Eu tinha doze anos.

* * * * * *

Eu tinha caminhado quase dois quilômetros dos Estaleiros Navais até o Quartel da Polícia. Minha garganta estava seca. Apenas mais alguns passos e eu atravessaria o caminho principal que levava para casa.

Ao subir a pista que separava os grandes bairros do quartel, perdi o equilíbrio. O peso do balde que eu carregava na minha cabeça finalmente me desequilibrou.

Minha mãe havia dito que eu precisaria fazer duas viagens para buscar nossa água potável. Eu fui inflexível. Percorrer a longa distância duas vezes seria entediante. Eu não chegaria a tempo de assistir a série Contos à Luz da Lua que passava no NTA Dois, Canal Cinco. Era um programa que nenhuma criança queria perder, pois estava repleto de histórias emocionantes de madrasta malvadas, bruxas velhas horríveis, reis sábios e tolos, irmãos ciumentos, favoritismo dos pais, histórias de como a tartaruga quebrou suas costas, entre outras delícias.

Na minha decisão de fazer uma viagem, perdi todo o esforço do dia. Minha mãe não podia servir a refeição de meu pai sem água. Ela pediu perdão e ferveu água do poço para bebermos.

— Onome, você vê o que sua teimosia causou. — Meu irmão cutucou minha testa com o dedo indicador. Ele insistiu que eu substituísse a água que nossa mãe tinha usado do tambor cheio que ele havia buscado. Chegar ao poço mais próximo foi uma jornada épica para ele.

Vivíamos uma vida pacífica até que a parede de entrada da porta de Lagos enfraqueceu. Em um caso de imprevisibilidade da natureza, a costa arenosa desapareceu da noite para o dia. Os residentes da Ilha Victoria se encheram com medo e pressentimento, pois o Oceano Atlântico ameaçava submergir escritórios e áreas residenciais.

Acordamos uma manhã, para ver que a água inundou o quartel e o Ahmadu Bello Way. A onda não poupou os que moravam no chão. Os móveis deles flutuaram na água.

As crianças ficaram encantadas, pois isso criou uma pequena praia particular para nós. Brincamos sem parar até a água começar a secar. Desejamos que a deusa da água se enfurecesse novamente com seus adoradores e invadisse a estrada, mas deixasse nossas casas a salvo de sua raiva. Ela poderia inundar nossas escolas, então teríamos um feriado.

Ela deveria deslizar em direção à lagoa para que diferentes águas pudessem colidir como titãs. Ouvimos uma lenda de que, se a água da Praia de Bare e a água de Bonny estivessem em uma garrafa, elas lutariam sujo, ferozmente e quebrariam a inocente garrafa. Elas não se davam bem porque eram duas sereias ciumentas apaixonadas por um deus do mar bonito e arrojado.

Não havia uma criança entre nós que não estivesse

totalmente em casa na água. Éramos praticamente parentes do mar, a deusa antiga, porém sempre renovada, e as pessoas se divertiam em suas ondas eufóricas.

Construíamos castelos e mansões com areia. Mohammad era o arquiteto mestre entre os construtores. Queríamos morar nos edifícios que ele criou. Depois de pular ao redor para a nossa satisfação, íamos descansar nas casas onde camas, travesseiros, cadeiras, mesas e comida moldadas com areia que pareciam nosso lar.

Usávamos areia branca como arroz; areia vermelha servida como ensopado, enquanto conchas do mar eram visualizadas como vários tamanhos de carne e peixe. Fingíamos saborear as refeições. Dávamos conchas ou embalagens de doces aos nossos anfitriões como um sinal de agradecimento por sua notável hospitalidade.

Minha mãe me acordou para substituir o curativo na minha perna machucada. Para nossa surpresa, ela se curou e deixou uma cicatriz. Eu fiquei abismado. Meu palpite empolgado era que a água da mãe, a deusa do mar, realmente existia, e seus poderes haviam curado minha ferida. Isso corroborou a fé daqueles que buscavam a água do oceano por seus antigos poderes de cura.

Dei muita atenção à aula de Conhecimento Religioso Cristão naquela manhã. Meu professor falou sobre o começo do mundo. Ele enfatizou o relato bíblico da criação da terra a partir de águas primordiais. Isso estimulou minhas perguntas sobre a sereia, resplandecente e misteriosa em suas profundezas do oceano.

Não pude discutir com o Sr. Alade quando ele disse:

—A água da mãe é apenas uma invenção da imaginação das pessoas. A água da mãe não existe. A água é naturalmente uma força poderosa.

Que descaramento. Como o Sr. Alade ousa subestimar a deusa do mar? — pensei.

No meu caminho para casa, olhei para o vidro dos arranha-céus refletindo a beleza imaginária dela brilhando nas ondas do oceano.

De volta ao presente, estremeci com quantas lembranças foram levadas. Quando passei pelo Quartel de Bonnie, ele ainda estava de pé em parte de sua antiga glória. Também me lembrei do rosto do soldado carrancudo que quase me fez perder a cabeça quando adolescente. A maneira como ele sorriu e dirigiu a metralhadora em direção à estrada me fez correr o mais rápido que minhas pernas curtas podiam se mover. Eu corri até não poder mais. Eu pensei que ele pretendia atirar no sorriso do meu rosto.

Aqui estava eu, contando uma história, de como eles mataram a água natural da Praia de Bar para um homem que construiu uma piscina.

A visão do Quartel da Polícia quase partiu meu coração em pedaços. A fraude nos fundos destinados à sua reforma deixou as estruturas quase aos escombros. Assim como o oceano, estava se extinguindo.

Desde o tempo além da memória, as pessoas eram profundamente atraídas pelo oceano. Sua costa era uma avenida para explorar o desconhecido e receber estranhos. Era uma fonte de subsistência para o negócio de muitas pessoas e um lugar para relaxar a mente e meditar sobre a existência.

Lagos estava entre os poucos lugares do mundo abençoados pela natureza estando perto do oceano. A criação da Cidade Atlântica de Eko a partir da Praia de Bar foi uma nova ordem mundial exclusiva para os ricos. Isso representou a perda da visão da orla, que era um dos esplendores da vida disponíveis para o indivíduo comum. Aqueles que, quando crianças, nas áreas rurais, sonhavam em viajar para Lagos para ver a Praia de Bar e sentir seu esplendor, não teriam a oportunidade de ver a grandeza dessa visão que a separação do mar e do céu evocava.

O primeiro desejo de cada um era buscar uma alegria interminável e capturar momentos memoráveis nas maravilhas da natureza da Praia de Bar, e sem visitar Lagos isso não era possível. Aqueles que estiveram nessa união de mar e céu provavelmente sentiram um vazio pesado em seus corações e mentes quando deixaram a praia. Eles pulsaram com saudade até ter outra chance de ver a água tempestuosa novamente. O visitante da praia sempre quis contar as histórias da água para os ouvidos famintos em casa.

As famosas águas do Oceano Atlântico, que constantemente atraíam multidões ao seu sedutor estilo de vida aquático, secaram. Seu peito não era mais visível para manter os visitantes de Lagos em grande deleite, seus mamilos leitosos brutalmente enfiados nos tecidos secos por rochas pesadas.

Após a conclusão, a Cidade Atlântica de Eko seria um mundo completamente novo, com dez milhões de metros quadrados de terra recuperada do oceano e protegida por um paredão de 8,5 quilômetros de extensão.

A natureza nos deu a Praia de Bar como a Mãe Flora. Ela nasceu para nosso deleite e se esgotou com nossos prazeres, e transgrediu para outros desertos, adorada por estranhos e fez novos amantes que se maravilhavam com suas marés salgadas e sedosas, sempre em ondas. Ela também se tornaria uma nova marca comercial e negócios para alguns empreendedores desejosos.

Cinco

Coração Ardente de uma Nação

A mulher aterrorizada se escondeu em um arbusto grosso. Sua bolsa da cintura tinha sido desfeita às pressas para encontrar cobertura. Ela esticou uma perna e jogou furtivamente o saco de dinheiro em direção à coxa. Ela estaria condenada se seus perseguidores o encontrassem no caminho. A bolsa os levaria até ela. Isso a prenderia em um ponto em que não havia outro lugar para um melhor esconderijo.

Chovwe fechou os olhos e mergulhou em orações para que Deus levasse seus inimigos para longe. Ela orou a Deus para mantê-la segura até o resgate chegar. Ela pegou o telefone da bolsa e digitou uma mensagem de texto; *Por favor me salve...,* mas o sinal fraco da rede na área cheia de arbustos não era forte o suficiente para transmitir a mensagem.

Ela estava encharcada de suor induzido pelo medo quando os passos assassinos se aproximaram. Ela prendeu a respiração; por medo de que sua respiração pesada entregaria seu esconderijo. Sua coxa estava sangrando amplamente pelo corte que ela havia sofrido com a faca de um vaqueiro. Chovwe havia perdido muito sangue; seus olhos ficaram fracos, sua pele estava ficando pálida.

* * * * * *

Mudiaga estava cansado da fila interminável para colocar combustível no cruzamento de Eku. Ele estava se sentindo desconfortável desde que saiu de casa.

— Oga você dirige em frente, devagar, pelo menos faça com que a pessoa saiba que a fila está se movendo e tenha esperança de sair daqui hoje. Abi você traz uma esteira e um cobertor para o corpo. Espero que você carregue um travesseiro para poder dormir confortavelmente aqui.

Mudiaga ignorou o motorista do caminhão de água. Ele simplesmente inseriu a chave na ignição do veículo. Seu telefone tocou. Era uma mensagem.

* * * * * *

Chovwe ficou mole. Ela podia ver a morte acenando para ela. Ela pegou sua garrafa de água para saciar a sede. Chovwe sentiu uma arma roçar seu braço.

— Por favor, por favor não me mate. Eu estou grávida. Por favor, poupe a mim e ao meu filho que ainda

65

não nasceu. — Ela gritou em agonia enquanto os vaqueiros discutiam sobre acabar com ela com um machado ou uma arma.

Acostumados a longas viagens nômades, eles estavam calmos e eram formidáveis. A longa perseguição que Chovwe pensou que ela lhes dera não tinha sido nada.

Os vaqueiros geralmente devastavam as terras de Chovwe com suas vacas. Eles tornaram a terra dela na sala de engorda de suas vacas de graça e sem sua permissão. Em várias ocasiões, ela havia avisado os vaqueiros a pararem com o vandalismo, mas sem sucesso.

— *Seus animais não podem se alimentar livremente das minhas colheitas enquanto eu compro sua carne de animal abatida no mercado com o dinheiro que recebo quando vendo minha pequena produção. Tenho sorte de suas vacas não destruírem toda a minha colheita. Já é o bastante. Por favor, fiquem longe das minhas terras.* — Chovwe havia dito a eles.

Chovwe desviou o rosto para o facão que marcaria o fim da luta por seu território.

— Então é assim que vou morrer, como um pedaço de carcaça nesta savana solitária — disse Chovwe.

Sua família pode não encontrar seu cadáver. Os abutres se alimentariam de sua carne e provavelmente ninguém seria capaz de identificar seus ossos. Ela esperava que eles deixassem sua bolsa para trás. *Pelo menos, isso dará à minha família uma pista. A bolsa os levará ao meu corpo. Isso permitirá que eles enterrem meus ossos.*

Houve um grito alto. A última coisa que viu foi alguém atacando os dois vaqueiros.

Mudiaga estava feliz por não ter ignorado a mensagem como um daqueles pacotes de assinatura irrelevantes enviados por seu provedor de rede. Uma voz interior o levou a ler a mensagem. Ele pensou que poderia passar algum tempo com textos humorísticos.

Ele havia subido em uma bicicleta que o levou direto para a fazenda de sua esposa. Ele chegou a tempo de resgatá-la dos vaqueiros assassinos. Ele os entregou na delegacia por tentativa de homicídio culposo, enquanto alguns bons samaritanos que correram atrás dele no mato levavam sua esposa ao hospital geral.

A comunidade vinha sofrendo ataques recorrentes dos vaqueiros que alimentavam suas vacas nas fazendas das pessoas. Isso levou a um sentimento generalizado de insegurança em toda a região.

Eles atiraram em um garoto sete vezes. Ele tinha ido à fazenda para resgatar sua mãe dos punhais deles. Eles deixaram sua mãe pobre, que instantaneamente desenvolveu pressão alta, que levou à uma parada cardíaca. Poucos minutos após o ataque, ela caiu e morreu na poça de sangue de seu único filho.

Uma mulher havia escapado de um estupro. — *Por favor, não me toque. Estou menstruada. É um tabu na minha terra* — ela implorou enquanto eles discutiam sobre quem iria primeiro. Essa discussão lhe dera uma chance, e ela escapou.

Enquanto lavava as roupas de sua esposa na torneira perto de sua varanda, Mudiaga ouviu pelo rádio que algumas organizações privadas e governamentais propuseram uma lei de colônias de gado para combater os confrontos entre vaqueiros e agricultores. O projeto daria pastagens para os criadores de gado nos trinta e seis estados da Nigéria.

Os vaqueiros se tornariam proprietários plenos dos territórios que lhes fossem atribuídos. Eles criariam suas vacas e fariam suas famílias nesses locais.

— Por que não nivelar completamente algumas florestas profundas para serem usadas como locais de criação? Nossas terras são para cultivo, não para criação de animais. — Mudiaga murmurou furiosamente para si mesmo.

Mudiaga ficou zangado com o fato de esses vaqueiros se instalarem em sua cidade natal. Ele havia sido vítima da violência nas eleições que tirou vidas de membros das forças armadas do norte, de onde a maioria dos vaqueiros vem. Ele lembrou como ele e outros funcionários da

Comissão Nacional Eleitoral Independente - INEC quase morreram porque se recusaram a registrar crianças menores de idade nos cartões das eleições.

Os agentes de segurança ligados à sua unidade de votação pareciam cordeiros indefesos. Perseguido por um aluno de sua escola primária, Mudiaga correu por sua querida vida. O adolescente segurava uma adaga que pingava o sangue de uma pessoa que ele matara.

Impulsionado pelo desespero, ele pulou uma cerca alta. Mudiaga encontrou segurança na casa do chefe da comunidade que tratou seus ferimentos. Ele recuperou a consciência depois de dez dias.

Alguns meses depois, um veículo militar o trouxe para casa. Sua família, que pensava que ele estava morto, jogou areia nele para garantir que ele não fosse um fantasma.

— Eles podem ficar em sua base norte e comprar vegetação de cada polo da Nigéria que cultiva ração para vacas da mesma forma que seus produtos agrícolas são produzidos e transportados para venda em toda a Nigéria. Os vaqueiros pareciam ter patronos muito poderosos protegendo-os contra a lei. As vendas nos olhos da Justiça foram tiradas e agora ela podia ver quem julgar e não julgar com sabedoria, quem julgar favoravelmente e quem julgar desfavoravelmente. — Mudiaga disse em voz alta e terminou de lavar sua roupa.

Durante todo o incidente, Chovwe teve sua gravidez de três meses interrompida. Uma bênção que o casal esperava após seis anos de casamento. Mudiaga consolou sua esposa dizendo que eles teriam filhos.

— Tudo ficará bem. Eu e outros bons cidadãos nos certificaremos de conter esse risco nômade. Não podemos ficar tremendo nas estradas, em nossas casas e fazendas a qualquer momento que virmos vacas e vaqueiros caminhando em nossa direção. O nosso não se tornará um ecossistema sufocado.

* * * * * *

Mudiaga foi à televisão nacional expressar sua opinião. Jurou suspender qualquer projeto de lei apoiando os vaqueiros assassinos. — O caos surgirá de todas as paredes e túneis da Nigéria para garantir que a lei nunca veja a luz do dia.

Os vaqueiros devem comprar lotes de terra para construir suas fazendas ou qualquer governo que queira dar-lhes terras para arrendamento pode ir em frente. No entanto, eles devem estabelecer medidas preventivas e protetoras para proteger vidas humanas e suas colheitas. Eles devem ficar restritos dentro de suas fazendas. Os vaqueiros colonos não devem desalojar os proprietários originais dos territórios. Um visitante não deve escolher o quarto do mestre em vez do quarto de hóspedes a que ele foi alocado, ou mergulhar os dez dedos em um prato de sopa destinado à família.

Seis

Poço da Riqueza

A jornada prosseguiu sem problemas. Nosso carro acelerou por uma estrada recém-construída ao longo da via expressa Warri-Sapele. Warri estava se fundindo rapidamente em Sapele. Em breve, ambas as cidades poderão se fundir em um casamento de fronteiras geográficas comuns e relações socioeconômicas. Os pântanos e os mangues entre os dois centros populacionais um dia se tornariam estruturas residenciais modernas e comunidades estratégicas de negócios.

Algumas pessoas que trabalhavam em Warri e Sapele preferiram alugar casas nas vilas e cidades localizadas entre as duas cidades porque eram mais baratas que os apartamentos, o contrato com um advogado e as taxas de agente nos centros urbanos.

Esses trabalhadores se instalam em aldeias como Adeje, Opuraja, Elume e Ibada. Assim, eles chegavam em casa com frequência através de transporte acessível e boas estradas que tornavam as viagens mais rápidas. Esses desenvolvimentos aumentaram a subsistência dos comerciantes e proprietários indígenas.

Era um sábado movimentado e muitos viajantes enchiam a rua. Os viajantes iam principalmente para várias cerimônias que aconteciam nessas partes nos fins de semana. Eu fiz um sinal da cruz quando uma ambulância carregando um cadáver passou rápido por nosso carro. O motorista desse veículo deve ser um homem de vontade forte para se sentar confortavelmente com uma alma estranha.

O trabalho de carregar um cadáver não era para as pessoas de coração fraco. Fiquei curioso para saber se os agentes funerários que dançaram com o caixão do meu avô no enterro fizeram isso com sinceridade. Mamãe me disse que eles haviam se fortalecido antes de carregar o cadáver. Eles derramaram gin no chão em libação para pedir ao cadáver que descanse bem e cooperasse com eles enquanto faziam suas últimas honras.

No enterro do vovô, foi uma visão espetacular, enquanto os jovens se empinavam com o caixão. Eles sacudiram e giraram o caixão em uma sessão comandada enquanto dançavam ao som das flautas de sua orquestra e outros instrumentos musicais.

Quando entramos na vila, minha mãe acenou para as pessoas que gritavam cumprimentos. Quando chegamos à casa do meu avô, suas roupas estavam espalhadas na varanda. Minha mãe havia compartilhado as roupas entre alguns membros da família e da comunidade que lutavam por elas. A maioria das roupas sofreu desgaste e rasgos. Por isso, ela perguntou se eles poderiam usar as roupas dele.

O fato de eles as rejeitarem pelas costas e os abandonarem perto do túmulo fresco a enfureceu.

— Eseoghene, você e Runo devem pegar as roupas de papai e colocar no carro.

Meu irmão e eu dobramos cada peça e as depositamos na mala do carro. A areia na sepultura havia se espalhado. Pegamos vassouras e varremos a areia no lugar. Posteriormente, alguns de nossos parentes nos conduziram através de lotes das terras do meu avô.

Fiquei maravilhado com o comportamento estranho do vovô. A pensão que ele costumava conduzir de sua casa em Sapele para Abuja, para comparar, era como um grão de poeira em comparação com o que se espalhava nos cofres de sua herança paterna, representada por acres de terra.

Vimos o poço de riqueza quando seus parentes nos levaram por suas terras na vila. A floresta produzia borracha, tanchagem, banana, quiabo, frutas da palmeira, mamão, abacaxi, coco, noz de cola, laranjas, mangas, legumes e a terra era rica, com dois enormes viveiros de peixes.

Quando vovó estava viva, ela costumava insistir que eles se mudassem para a vila, mas ele teimosamente argumentou com ela contra isso. Seu lamento consistente para que eles deixassem o povoado sempre o deixava de mau humor. Mesmo depois que ele se tornou o homem mais velho de sua aldeia, vovô se recusou a se mudar.

Por que um homem rico com tão vasta propriedade de terra, com grandes perspectivas e potencialidades geracionais, nunca apareceu para utilizar essa riqueza para si, para os ganhos de sua família e para o bem-estar futuro? O vovô teve seis filhos sobreviventes e inúmeros netos e bisnetos.

Se vovô tivesse utilizado a terra, o menor problema em suas famílias seria comida. Absolutamente nenhum desses adultos possui uma plantação dentre as várias localizadas nos hectares de terra do avô. Com sua permissão, essa terra estava sendo cultivada por vizinhos, bem como por parentes distantes e próximos para o seu ganho pessoal.

Vovô teria vivido mais tempo se ele se curvasse à pressão de se mudar para a vila e tomasse sua posição como o homem mais velho vivo quando estava maduro para o cargo?

Ele se recusou veementemente a voltar para casa para receber o título e morava no apartamento que seus filhos haviam construído para sua aposentadoria. Vovô simplesmente amava o povoado como seu melhor amigo. Ele era um homem saudável, forte e voluntarioso, capaz de percorrer os quatro cantos de Sapele em visitas de cortesia a amigos e parentes.

A manipulação espiritual poderia explicar a aparente cegueira de vovô à sua própria riqueza? Foi por isso que ele se contentou com seu estilo de vida simples em Sapele? Algumas pessoas diziam que aqueles que cultivavam suas terras lançaram redes mágicas sobre sua mente para impedi-lo de reivindicar o que era dele.

Enquanto as pessoas nos mostravam a terra do vovô, eu temia que guardassem ressentimentos com o peso e a franqueza dos cutelos que seguravam firmemente abriam o caminho pelas matas. Eu estava com medo de que eles pudessem conspirar, nos cortar com os metais pesados e nos enterrar ali mesmo na floresta. Os pensamentos frios fizeram minhas mãos tremerem ao gravar o exercício. Minhas mãos estavam suadas na atmosfera arejada. Meu telefone quase escorregou.

Minha suspeita aumentou quando minhas pernas escorregaram em um buraco muito profundo. Eu tive sorte que era meio-dia e as armadilhas não estavam montadas. Eu teria me tornado a carne de caça em vez dos animais. Foi minha culpa não ter notado o buraco. Fiquei com alguns machucados na minha perna. Caí uma segunda vez e meu medo reapareceu.

Antes de nos aventurarmos nos arbustos, um dos

parentes, tio Onoriode, havia nos avisado:

— Vocês todos precisam ser extremamente cuidadosos. Em sua mente míope, alguns dos usuários da terra enterraram encantos na terra para impedir que seus legítimos proprietários invadissem. O encanto é para dissuadir suas mentes da lembrança ou de ganhar controle e acesso às terras.

Pensei, sem surpresa, que mamãe havia ungido a cabeça do meu irmão e a minha antes de viajarmos para a vila. O tio Onoriode nos avisou que mentes duvidosas surgiram quando minha mãe e seus irmãos contaram que eles queriam compartilhar as propriedades de seu pai.

Meus medos aumentaram quando meu irmão pediu abacaxi. Runo disse que gostaria de provar o fruto da fazenda de seu avô. A velha encarregada da trama removeu apressadamente alguns objetos com aparência de feitiçaria sobre cada abacaxi que ela colhia.

Para minha inquietante ansiedade, fiquei chocado ao saber que uma mulher que usava um grande rosário ainda lidava com meios diabólicos para proteger seus produtos agrícolas. Reuni um pouco de coragem para perguntar a ela qual era a necessidade de tudo isso.

— Quem o rouba e o come ou troca por dinheiro, espécie ou troca de mercadorias, a morte os espera — disse a mulher.

Imediatamente quando ouvi a *morte*, tentei dissuadir Runo de comê-la, mas ele foi inflexível. Nosso guia confiável me garantiu que nenhum dano poderia lhe acontecer porque ela lhe dava o fruto com o coração livre e pelas mãos do seu plantador.

— O mais importante é que nenhum mal pode assombrar nenhum de vocês no solo de nossos ancestrais. Suas proteções sobre nós são sem precedentes — disse o tio Onoriode.

Minha mente ficou calma. No entanto, eu temia que a velha pudesse nos fazer mal, porque ela já estava fazendo movimentos astutos. Ela invadiu um pedaço da nossa terra. Ela alegou que fazia parte da terra do marido.

Foi necessária a intervenção de todos os parentes presentes para comprovar que ela estava muito enganada. Mais tarde, ela confirmou que sua medição estava errada quando um baobá ancestral estava como evidência de que a porção era para o meu avô.

A velha insistiu que os filhos do vovô permitiram que ela usasse a terra pelos próximos três anos. Fiquei impressionado com o fato de uma mulher de quase oitenta anos ter entusiasmo por trabalhar na fazenda. Sua força para ganhar dinheiro era uma usina de energia renovável, mas com que finalidade, não entendi.

Por outro lado, sua importância egoísta de que eles

deixaram a terra sob seus cuidados por mais três anos me deixou enojado. Ela não se importava, se minha mãe e seus irmãos precisassem da terra para vários estabelecimentos.

Meu espírito se elevou quando na última curva que fizemos, ficamos cercados pelo complexo do vovô. Eu estava faminto e peguei a torta de carne na minha bolsa.

Mastiguei e engoli minha primeira mordida. Minha mãe disse:

— Dooh, eu sei que esta refeição não é satisfatória. — Ela lamentou do passado, de como uma sopa suntuosa aguardava os convidados sempre que chegavam as notícias de que alguns parentes chegavam na vila.

— Para onde foi todo esse amor? — Ela perguntou em voz alta.

Eles ficaram em silêncio, o silêncio de práticas culturais caseiras se extinguiu e foram substituídos por hostilidade fria e perseguição suspeita entre os próximos.

— Ninguém quer ser responsabilizado pelas doenças físicas, espirituais ou mentais de alguém. Pode-se facilmente preparar comida na cozinha aberta de sua casa, mas talvez não saber que um sujeito mal-intencionado envenenou a comida. Tudo o que as pessoas dirão é que o visitante bebeu água pela última vez em sua casa antes da súbita situação difícil ou morte. Toda a comunidade brandirá o mal da vítima, examinada como a bruxa ou mago selvagem com garras sedentas de sangue. Portanto, ninguém realmente culpa os moradores por não oferecerem aos seus hóspedes e até mesmo aos membros da família uma gota de água neste clima — disse o tio Onoriode.

Afinal, a sessão de oração que fizemos após todos terem retornado da floresta não era uma garantia de que alguém não pode nos apunhalar pelas costas. Eu ainda podia provar a mistura de vinho e o gin seco de Lord finamente fabricado em minhas papilas gustativas. Eu ainda segurava um pedaço de noz de cola em minha mão.

O Okpako entre os parentes nos havia abençoado para que nenhum mal interferisse na posse do que por direito nos pertencia. Ele havia dito: *assim como as formigas não podem comer os esqueletos de meu parente, é claro que seus parentes não podem causar decadência na terra de nossos ancestrais com mente e atos infestados.*

* * * * * *

Quando partimos, fiquei com uma esperança renovada sobre o quão ricos poderiam ser os descendentes de vovô se cultivassem suas terras. As resoluções nos lábios de todos eram como levar os agrimensores ao solo fértil para inspecionar e marcar partes, pois talvez não consigamos dizer qual era a nossa e qual era a do outro, se seguíssemos

80

os caminhos anos depois. Sem a bússola de nossos parentes que conheciam nossas próprias terras como a palma da mão, poderíamos nos perder se nos aventurássemos nos arbustos sozinhos.

— Temos que agir rápido e montar pilares para reivindicar nossa herança. Não é aconselhável arriscar e vir alguns anos depois deste dia. Nossos parentes podem virar a mesa contra nós, e dizer que nunca nos levaram a nenhuma terra. Bem, espero que não, mas não devemos nos arriscar a que isso aconteça. — Minha mãe disse com firmeza. Nós assentimos em concordância.

Sete

Me Enterre em Casa

Os arredores estavam cheios de arbustos e os prédios estavam em ruínas. Em alguns escritórios, doze compartimentos seguidos não tinham janelas. As paredes precisavam ser pintadas, pois as escamas de sua última beleza estavam descascando de seu velho rosto áspero.

Precariamente estacionado em frente ao primeiro quarteirão, havia um velho carro fusca e um ônibus precário, com uma faixa de festa esfarrapada pendurada no capô. Uma Hilux preta isolada ficava no extremo oposto em toda a sua glória, próximo ao único edifício de cinco andares que servia como bloco administrativo.

Um carro da polícia entrou no local e um policial saiu. Ele intencionalmente marchou para um dos escritórios. A urgência de sua missão combinava com seus passos. Ele estava aqui no governo local para descobrir alguns detalhes sobre Gregory Oboli.

Antes de sua morte, Gregory Oboli era um Comissário Assistente da Polícia no Ocidente. Os arranjes de seu enterro representavam um enorme problema. Sua esposa não conhecia o lar ancestral de seu pai nem de sua mãe. O último desejo de Gregory foi uma cerimônia de enterro no solo a partir do qual suas sementes surgiram, mas ele morreu antes de dizer o nome de sua cidade natal.

A busca começou na Sede da Zonal, Imoken, para rastrear sua linhagem e cidade natal. O detetive Osato reuniu informações vitais. A descoberta antes e depois do enterro vergonhoso foi um lembrete de que todos os homens devem conhecer suas raízes.

* * * * * *

Depois de obter o endereço, ele foi procurar os parentes de Gregory. O detetive Osato conheceu um homem desdentado com quase oitenta anos; as chocantes expectativas da vida o envelheceram acima de cem anos. O espaço entre os dentes era grande o suficiente para uma flecha deslizar. Se alguém pudesse separar seus cabelos grisalhos e espiar dentro de seu cérebro, o que revelaria era uma biblioteca, catalogando uma história caótica e cheia de páginas rasgadas. O velho abanou tristemente a cabeça ao ouvir a notícia da morte de seu irmão.

Quando seus pais supostamente tinham morrido de picadas de cobra na fazenda deles, Gregory fugiu da vila aos quatorze anos de idade. Ele lamentou que bruxas e

83

bruxos fizessem da vila de Ogbaito seu local permanente para atividades ocultas e fugiu da comunidade.

Seu irmão mais velho, Tobore, havia se apossado da cabana de ratos do falecido pai. Hoje, o que estava em seu lugar era um belo duplex geminado, construído por sua filha mais velha.

Tobore negou os rumores de que seu irmão estava morto há muito tempo. As pessoas disseram que ele não conseguiu atravessar a fronteira. Alguns disseram que nenhuma boa sorte vem de uma criança rebelde; outros disseram que ele era um homem sem identidade. Portanto, a notícia de que o cadáver de seu irmão estava voltando para casa acalmou sua alma perturbada a muitos anos.

Gregory nunca colocou um tijolo em seu nome; ele não tinha nem uma construção na terra de seu pai. Seu filho tinha apenas duas semanas de idade, ainda no ventre de sua mãe. Seu corpo se deteriorou no necrotério. Eles tiveram que enterrá-lo o mais rápido possível, pois ninguém sabia quando seu filho seria capaz de construir uma lápide para ele. Portanto, Tobore mostrou ao detetive Osato uma fazenda de tanchagem perto de sua casa, uma terra onde Gregory poderia ter construído sua própria casa.

O detetive Osato agradeceu ao ancião e humildemente o ordenou a se preparar para o funeral do falecido irmão em cinco dias.

* * * * * *

Alguns motociclistas escoltaram o comboio de policiais e outros simpatizantes à vila de Ogbaito para o enterro do falecido Gregory Oboli. A viúva dele estava entre os braços reconfortantes da mãe e da tia. Era a segunda vez que ela vinha à vila de seu falecido marido. Ela não tinha certeza se uma recepção calorosa ou fria a esperava.

A maneira como o atendente do necrotério lidou com o cadáver de seu marido na funerária assombrava seus pensamentos. Ela afastou os avisos de seus acompanhantes de que o corpo dele não era uma visão agradável, mas ela recusou veementemente.

Bisola queria testemunhar a maneira como prepararam Gregory para o enterro. Seu marido, uma vez magro e bonito, tornara-se um balão escuro e muito inchado. O atendente mortuário jogou o cadáver no chão duro e o arrastou para um canto. Arrepios a atingiram e ela ficou sem lágrimas.

— Gostaria de poder esquecer as imagens. Sinto que também posso ouvir vozes de pessoas mortas — disse Bisola.

A cidade estava quieta. Instalado em seu comboio, o Inspetor Geral de Polícia olhou para a frente, confuso. Não havia nem mesmo uma galinha quando os veículos aceleraram pela estrada recém-asfaltada. As rodas derraparam em um caminho ruim, cheio de erosão e sujeira. Ele sinalizou para o seu ordenado interromper todo o trânsito e mandou chamar o detetive Osato.

O motorista desceu a janela do Inspetor Geral. O detetive Osato o saudou:

— Senhor.

O Inspetor Geral o olhou sardonicamente através dos óculos de leitura. — Detetive, você tem certeza de que estamos no caminho certo?

— Sim senhor, este é o caminho para a vila de Ogbaito. Estamos a uma curta distância do nosso destino.

— Eu duvido, duvido muito. — O Inspetor Geral disse enquanto fazia sinal para o motorista subir a janela e seguir o caminho.

— Senhor — o detetive Osato saudou e caminhou até sua própria moto. Ele continuou liderando o caminho.

Na entrada da vila, não havia um único cartaz de obituário do falecido Gregory Oboli. Ao avistar o comboio, os pais arrastaram seus filhos para dentro de casa. Os aldeões bateram as portas como se um fantasma tivesse chegado à cidade. Obviamente, ninguém esperava o enterro.

No fim eles não fizeram nenhum arranjo. O apelo de

Tobore para que os anciãos e os aldeões realizem um enterro adequado para seu parente não os atingiu. Eles o amaldiçoaram ainda mais na morte, por marcar sua cidade como má; para eles, ele era um pária, um rebelde que todos se dissociavam facilmente.

Os anciãos podem estar amargurados, mas os membros da faixa etária de Oboli e os jovens deveriam ter sido mais receptivos. Essa magnanimidade não se estendeu a ele porque alguns de seus amigos de infância, depois de saberem que ele havia se tornado um homem grande de uniforme, enviaram seus filhos para localizá-lo e pediram ajuda para levá-los à Faculdade de Polícia ou garantir empregos para eles em empresas privadas. Oboli não apenas negou seus amigos, mas também jurou que nunca veio da vila de Ogbaito.

Os enlutados da cidade ficaram horrorizados com o despreparo das pessoas. Eles não cavaram um centímetro de terra para enterrar um filho dessa terra. Eles ficaram ainda mais chocados ao descobrir o motivo da atitude indiferente dos aldeões.

O Inspetor Geral, num momento de raiva, ordenou que alguns de seus homens cavassem uma cova. O detetive Osato os conduziu pela vila em busca de pás, cutelos e enxadas de moradores relutantes. Cavaram apressadamente um túmulo malfeito e o Inspetor Geral ordenou que depositassem o cadáver nele sem desfile, como seria normal com os últimos respeitos prestados a um policial.

A polícia não disparou um único tiro porque Oboli não só causou vergonha à sua casa, mas também à comitiva de policiais e dignitários que escoltaram seus restos mortais para casa.

O Inspetor Geral havia experimentado uma desonra semelhante em relação ao pai, que mantinha distância de suas raízes apenas para que o filho enfrentasse a necessidade de enterrá-lo no lugar geográfico dessa origem paterna.

Apesar de seu falecido pai ser o único filho de seu avô, cuja casa ainda estava de pé e desocupada, o Inspetor Geral havia declarado que o cadáver de seu pai não merecia um enterro naquela casa. Com raiva e se sentindo traído porque seu pai tinha lhe negado o conhecimento de sua ascendência paterna, o Inspetor Geral o havia deixado na entrada dos portões principais da casa, para que não pudesse descansar e para que todos pudessem ver que finalmente o filho pródigo tinha voltado para casa.

Depois, ele renovou seu vínculo com suas raízes perdidas há muito tempo. Nunca se passou um fim de semana sem o que Inspetor Geral visitasse sua casa paterna e realizasse projetos anuais de desenvolvimento comunitário como uma maneira de reparar a 'tolice' de seu pai, como ele sempre dizia aos filhos.

A comitiva não olhou para trás ao deixar Ogbaito. Após a cerimônia do enterro, eles se apressaram como se o espírito errante de Gregory Oboli os amaldiçoasse.

As saudações de cortesia a um camarada que partiu congelaram nas armas. Apenas seus corações sentiram uma pontada de culpa pelo fato de que as coisas tinham que terminar de maneira desonrosa para o ex-comissário de polícia. Gregory teve sorte que eles o adornaram com sua roupa cerimonial e ornamentos de serviço.

* * * * * *

Tobore saiu do quarto com um envelope.

— Aqui está o dinheiro que você enviou para o enterro de seu marido.

Bisola olhou para o cunhado. Os olhos dela pareciam cansados, cheios de angústia e arrependimentos.

— Os moradores e nossos parentes não usaram nem uma moeda. Eles nunca o tocaram. Nem os cães das ruas não comeriam ossos comprados com o dinheiro. O coveiro mais humilde e faminto não queria um centavo como pagamento para cavar um túmulo para seu falecido marido. — Ele largou o dinheiro na mesa e sentou-se.

— Oh Gregory... — Bisola chamou baixinho seu

89

falecido marido.

— Eu sinto muito. Não consegui contar antes sobre os acontecimentos humilhantes e as provações pelas quais passei. Todos os meus pedidos para que nossos parentes perdoassem meu falecido irmão e lhe dessem uma cerimônia de enterro adequada bateram em corações endurecidos. Eles não poderiam ter deixado o cadáver apodrecer, apesar de sua amargura. Com a ordem da polícia, eles o enterraram, mas da maneira mais simples.

Bisola não disse nada enquanto esforçava os ouvidos para ouvir as vozes cantando nas árvores do lado de fora. Os pássaros a acalmaram com seus tons suaves. Ela lembrou como aqueles que vieram consolá-la a abandonaram. O enterro malfeito do marido os envergonhou.

Ela ainda podia ouvir as palavras ressentidas que as pessoas diziam a ela por não saber de onde Gregory veio. Eles a culparam por não supervisionar uma boa preparação para o enterro. O que ela poderia ter feito quando a chocou saber que ele não era o órfão que dizia ser?

Tobore refletiu sobre o estado lamentável de Bisola. Ela estava perto dele, mas ainda assim longe. Seus olhos caíram para o abdômen saliente. Ele estava feliz por haver um pouco de Gregory crescendo dentro dela. Ele orou silenciosamente que Deus o preservasse para conhecer o bebê. Ele queria narrar aos seus antepassados, como Gregory não só voltou para casa; ele veio com uma nova vida que reabasteceria sua linhagem.

Ele pigarreou ruidosamente para tirar Bisola de seu humor silencioso.

— Você pode ficar o quanto quiser. Estamos felizes em ter você e seu filho. Esta é sua casa, minha querida, estou feliz que você esteja em casa agora. Espero que um pouco da minha solidão acabe — ele sorriu calorosamente e deu um tapinha no ombro dela.

Quando ele saiu de casa, Bisola fechou os olhos com força. Seus lábios tremeram e seu corpo estremeceu em resposta aos golpes que a vida a havia causado. Ela acariciou seu estômago. Lágrimas correram por suas bochechas.

Bisola levantou-se lentamente da cadeira e caminhou até o quintal. Ela estava diante do túmulo de Gregory: — Gregory, sua alma não está longe. Espero que você possa nos ouvir. Espero que o nosso bebê não esteja chorando por nunca ter posto os olhos em você. Sinto sua falta, como você pôde ter feito isso comigo? Por que você nos deixou sozinhos para enfrentar esse mundo cruel e inaceitável?

Qual foi o bálsamo que caiu sobre seu coração, como se a alma de Gregory tivesse ouvido e respondido, assegurando-lhe a presença dele mesmo do desconhecido?

Bisola continuou a falar:

— Nunca iremos nos separar. Permanecerei aqui para salvar o que resta da herança e da honra de nossa família. Por favor, fique comigo.

De acordo com as instruções de Bisola, os pedreiros moldaram blocos nos dois terrenos onde estava a sepultura do marido. Foi o começo do que seria um lar para ela e seu filho. Bisola ergueu a base de um impressionante bangalô de seis quartos.

Bisola e sua equipe ficaram horrorizados quando viram uma multidão de moradores em roupas de trabalho. Eles marcharam em direção ao pedaço de terra. Alguns seguravam panelas, pás, carrinhos de mão, ancinhos e cutelos. A última pessoa a aparecer foi Tobore.

Ele pigarreou ruidosamente para chamar a atenção como o porta-voz do povo:

— Nossa esposa, seus parentes e o povo de Ogbaito vieram prestar sua ajuda na construção da cobertura da sepultura de seu irmão e um abrigo para você e seu filho ainda não nasceu.

O coração de Bisola inchou de gratidão e ela os recebeu com alegria. Cada homem deu um tapinha em seu ombro em bênção, e as mulheres a abraçaram calorosamente. As crianças e os jovens se juntaram à força de trabalho. Eles arrumaram energicamente o ambiente com as mãos, enxadas, ancinhos e cutelos.

— Ayo — Bisola chamou animadamente para sua irmã mais nova. — Por favor, traga algumas bebidas e assentos. Por favor, temos convidados; o amor entrou em nossa casa para trabalhar pela unidade e fortalecer relacionamentos. Venha rápido.

Um homem idoso se adiantou. Ele segurava um facão na mão trêmula.

— Ah, você não precisa passar por todas essas formalidades. O sol ainda não nasceu, vamos trabalhar, podemos nos divertir mais tarde.

Bisola sorriu para ele.

— Sim, papai, eu concordo com você. Mas é apenas certo que tenhamos água e algumas bebidas, caso fiquemos com sede e cansados demais para continuar nosso trabalho.

Ela conteve as lágrimas e abraçou Tobore pela graça que ele havia conseguido ao honrar sua família. Ela se virou para o povo.

— Quero agradecer a todos pelo imenso amor que vocês vieram me mostrar hoje. Lamento não poder trazer seu filho mais cedo, mas prometo fazer as pazes quando nos unirmos e fortalecermos nosso relacionamento. Obrigado a todos mais uma vez. — Ela fez uma reverência.

Oito

Omotogbe

Há uma grande distinção entre uma mulher solteira, noiva e casada. Cada estágio da vida de uma mulher vinha com diferentes status que ela ao longo do tempo, reconhecia. Ser solteira vem com responsabilidade consigo mesma e interferência solicitada ou não em seus problemas pessoais. Uma mulher assim poderia tomar decisões e envolver-se em atos sem opinião e com intrusão de uma segunda ou terceira pessoa. Na maioria das vezes, ela carregava sozinha as consequências de suas ações e inações.

O noivado era um ponto de ligação com alguém ou algo e socialmente, era um período delicado entre um homem e uma mulher em um relacionamento honroso. Era um momento sensível na vida de uma dama em que ela tinha que colocar não apenas a intenção dela na maioria dos planos e decisões, mas, em certa medida, envolvia sua família porque qualquer episódio que estivesse prestes a acontecer afetaria direta ou indiretamente os preparativos do casamento e a vida das uniões e reuniões familiares. Tudo o que era irrelevante na solteirice poderia ser igualmente aceitável na união.

Uma mulher casada deveria se ver como uma entidade composta e ter cuidado. Todos os seus passos eram dados nas direções corretas, cercados por planos bem pensados ou reflexões profundas, se tais movimentos induziriam a controvérsias familiares ou criariam impactos negativos ou positivos em sua família imediata.

— *Você não deve deixar que as palavras de pessoas mal-intencionadas a afastem ou a desanime de alcançar seus objetivos. Circunstâncias além do seu controle fizeram você sair de casa. Então, minha filha, não seja muito dura consigo mesma. Aceite a vida e as críticas das pessoas.* — Essas foram as últimas palavras que a mãe de Omote a disse antes de sua morte, depois de anos de prolongada doença.

Na terra de Okpe, não havia muita diferença entre um filho e uma filha, nenhum deles deixava a terra do pai. Mesmo quando uma filha de Okpe saiu de casa com o marido para o estado indígena ou para uma terra estrangeira, o início e o fim da viagem de sua vida estavam na raiz ancestral de seu pai.

A altura da superioridade entre a criança do sexo masculino e feminino era que o filho, seja o primeiro ou o último fruto, recebia a sala e o quarto que seu pai ou mãe ocupou pela última vez. A cultura sobrecarregava o filho a suportar mais responsabilidades, papéis e despesas durante os ritos funerários de seus pais, exceto que ele tinha menos condição financeira.

Era por isso que a maioria das filhas do reino Okpe não estava totalmente associada ao feminismo, pois a maioria de seus princípios, valores, normas e crenças tradicionais lhes davam direitos quase iguais aos do sexo masculino.

O feminismo era um movimento que defendia a igualdade de direitos das mulheres em uma sociedade e, no que dizia respeito a essa ideologia, era restrita em algumas culturas e territórios, que não importa o quê, no mundo e na lei dos homens um homem e uma mulher não podiam ser iguais até que a morte chegasse. No entanto, na cultura de Omote, uma mulher tinha o direito de receber títulos de chefia.

Desde o dia em que ganhou a passagem senatorial de seu círculo eleitoral, partidos da oposição e antagonistas pessoais atacaram a ambição política de Omote. Eles criticaram sua pessoa na pior perseguição difamatória já vista na cidade. Isso ofuscou seu recém-reinado como uma das melhores vereadoras nos anos registrados.

Sua missão era fazer mais em todo o estado, mas alguns inimigos da boa governança queriam impedir sua visão de transformação social criativa. A *hashtag* que seus antagonistas e conspiradores políticos usavam era

OMOTOGBE. Eles pregavam a palavra como se isso fosse uma nova lepra que pessoas bem-intencionadas devem evitar por medo de contaminação.

Omote teve que lidar com seu novo apelido *omotogbe,* desde que ela foi batizada em pleno andamento de sua ambição política. O nome era por sua escolha de deixar o marido. O casamento fora desfavorável para ela.

Ela recusou que seus filhos, duas meninas, crescessem em um ambiente tão insalubre. Um lar atormentado por constantes abusos físicos e emocionais. Eles haviam atirados palavras abusivas e depreciativas um para o outro. Eles faziam isso diariamente, como clientes frustrados no estacionamento. Eles tiveram brigas sujas nas quais seus filhos bateram na porta e choraram. O quarto deles era um campo de batalha.

Já faziam mais de treze anos desde que ela enviou seu advogado com os papéis do divórcio, mas Michael se recusou a escrever sua assinatura. Ele havia se casado há muito tempo com outra mulher. Ele checava constantemente ela e as crianças a qualquer momento que estava na cidade vindo do exterior, e visitava o pai de Omote, que ainda o considerava seu genro favorito.

Em um de seus encontros, o pai havia dito a ele: — *Meu filho, eu não gosto do que aconteceu entre você e Omote, porque vocês dois não podem consertar as coisas. No entanto, você sempre será meu genro. Quero que você me enterre por direito como meu primeiro genro. Você deve honrar as cerimônias depois do meu enterro, pois os deuses consideram adequado para um homem humilde como eu, que entregou a mão de sua filha em casamento respeitosamente. Tenha em mente que você deve fazer o certo nos meus ritos funerários.*

O pai de Omote se recusou a devolver o preço da noiva de sua filha aos parentes de Michael. Não era que o dinheiro fosse demais para devolver. Era um símbolo, a soma de 50 kobos quando tinha sido pago. O respeito que vinha com ele era mais pesado do que qualquer moeda.

No passado, era difícil para um marido angustiado cobrar o preço da noiva, porque o povo da mulher, em expressão de seu descontentamento com a virada dos acontecimentos, exigia que ele trouxesse de volta trinta por cento dos participantes presentes no evento do dia que ele arrancou a flor rósea do jardim deles. Somente quando eles cumprissem as exigências, eles recuperariam seu dinheiro. Era uma maneira educada de dizer ao homem que ele estava preso com a filha por toda a vida.

* * * * * *

A porta se abriu e uma jovem entrou na sala de estar.

— Mãe, você viu as notícias circulando pela mídia e por toda a cidade?...

A filha mais velha de Omote perguntou quando ela voltou da Rede de Televisão Sapele, onde estava atualmente em um estágio como estudante do terceiro ano de Comunicação. Ela estava a caminho de se formar como uma das melhores em seu departamento na nova e bem-facilitada Universidade Federal fundada no estado.

Antes de Omote responder à pergunta de Ofejiro, sua filha mais nova, Mine, retornou da escola de ensino médio.

— Mãe, por que essas pessoas não conseguem entender que você é uma mulher casada e não uma divorciada? Você não é uma omotogbe pelo amor de Deus. Deixe isso afundar nesta cidade ruim. Malditos sejam todos. — Ela largou a mochila no chão e caiu em um sofá com um suspiro alto.

— Quantas vezes vou avisá-la para nunca usar palavrões? — Omote perguntou à filha com as sobrancelhas levantadas.

— Diga a ela mãe, ela nunca escuta. — Ofejiro sibilou para a irmã que tinha o desejo recente de usar palavrões.

— Eu tenho que lhe mudar de escola. Eu me pergunto com que tipo de companhia você se mistura agora — disse Omote.

— Sinto muito, mãe, prometo nunca mais usar essas palavras novamente — disse Mine. Ela lhes deu um sorriso arrependido.

Um omotogbe era uma mulher divorciada que havia voltado para a casa de seu pai. Omote não se incomodou com os xingamentos e comentários depreciativos, porque eles nunca diminuíram seu foco e objetivos na vida.

Omote havia recusado muitos avanços e encontros secretos de conhecidos do sexo masculino, colegas, membros do partido e clientes comerciais, mas algumas pessoas a chamavam de mulher solta, a implicação da denominação de omotogbe. Ela teve que afastar muitas ofertas, mesmo de um homem a quem ela estava emocionalmente e sexualmente atraída porque ela ainda estava ligada por lei ao marido, e ela estimava sua dignidade, sua paz e o bem-estar de seus filhos.

Omote era uma mulher requintada na casa dos trinta anos. Ela se casou aos dezoito anos e, ao longo dos anos, seu corpo floresceu como uma fruta recém-colhida. Sua beleza era uma tez de chocolate desbotada, atraente para homens que admiravam sua combinação de tenacidade política e social com boa aparência.

Ela não conhecia outro homem, exceto o marido. Em todos os anos que passou longe dele, ela permaneceu celibatária. Algumas mulheres a aconselharam a *conseguir um amante discreto e capaz para ajudar a consertar a coisa antes que ela fique enferrujada*. Sua amiga de infância sempre falava isso quando saíam para passear de carro ou em uma reunião.

Omote estava restrita porque o marido ainda não coletara o preço da noiva. Isso a proibira de ter relações sexuais com outro homem. Suas amigas recomendaram Omote a tomar um banho com água que foi usada para limpar um cadáver, para enfraquecer a potência da maldição da infidelidade ao manter um amante fora dos limites do casamento, uma precaução tomada por algumas mulheres casadas para alterar a maldição sempre que elas querem ter relações sexuais extraconjugais.

Quando as crianças saíram para buscar diesel para o gerador, Omote ligou para alguns meios de comunicação. Ela agendou uma entrevista coletiva para esclarecer as controvérsias. Ela estava preocupada com o fato de as informações destinadas a afetá-la funcionarem por causa de sua turbulência conjugal. Isso mancharia a reputação de sua família e de si mesma. Isso pode desacreditá-la na opinião das pessoas em termos de sua capacidade de defender cargos públicos.

Se esses formadores de opinião maliciosos influenciassem seus partidários e eleitores, seus sonhos de recriar seu eleitorado em uma grande sociedade marcada por um alto padrão de vida, seriam natimortos ou atrasariam perigosamente.

De manhã, Omote chegou ao escritório para ver uma multidão de espectadores animados. Um velho entre eles reuniu sua masculinidade na excitação de uma aberração assistindo a um filme pornô.

Ela avançou com seu corpo curvilíneo através da multidão. Quando ela chegou à frente do prédio, os comentários escandalosos inscritos nas paredes do prédio de escritórios com tinta vermelha a surpreenderam. Os pôsteres mostravam Omote com a roupa de baixo.

— Oh, meu Deus, o rosto é meu, mas o corpo não é. Quem me colocou nessas fotografias nuas? — Omote gritou.

Escrito em letras grandes nos pôsteres estavam: 'Prostituta, mulher SEM CARÁTER, ladrão de maridos, *sugar mommy*, OMOTOGBE, carga velha, tokunbo, antiguidade arquivada'.

Omote correu direto para o carro e chorou. Ela ficou sentada no carro por uma hora, enquanto a multidão de zombadores e simpatizantes diminuía.

— Por que eu, por que eu, Senhor… Devo continuar sofrendo assim porque sou uma 'ela' e não um 'ele'. O homem e a mulher não foram criados à sua própria imagem e semelhança? Sou realmente apenas um acessório, desprovido de valor e respeito, se não estiver ao lado de um homem? É um crime ser mulher e ter uma ambição altruísta e apaixonada de governar com boa consciência e servir meu povo com amor e honestidade? — disse Omote.

Uma velha bateu no para-brisa. Omotê desceu a janela. A velha exibia um sorriso desdentado e estendeu um lenço. Ela fez um movimento com as unhas bonitas, mas cortadas, para Omote pegar o lenço e enxugar as lágrimas.

— Ririovara. Pare de chorar. Pegue o pano e limpe as lágrimas — disse a velha.

Omote não se preocupou com as histórias de que mulheres muito velhas podem ser bruxas e sequestradores de destinos. Ela esqueceu histórias de que uma mulher assim poderia tirar sua beleza e num piscar de olhos seu olhar jovem poderia passar para a velha. Ela apenas encharcou as lágrimas no lenço estendido, perfumado com óleo de amêndoa e mostarda.

Omote chorou mais.

— Senhor, você é minha rocha e minha fortaleza. Livra-me da chantagem — ela se referiu às táticas de difamação de sua oposição. — Meu Deus, seja meu libertador das garras estrangulantes das serpentes. Deus, de acordo com sua palavra, meu marido me teve, não como viúva, divorciada ou prostituta. Ele me teve uma donzela casta, mas teve prazer em me tratar como uma mulher sem virtude.

Para encontrar a paz e o amor novamente, decidi me impedir de ser sua esposa. Eu confio em você, Deus, para ser meu escudo nessas marés difíceis. Você é a sirene da minha iminente vitória. Soe minha vitória no campo preso de meus inimigos, as inundações de homens terríveis tentando me deixar com medo de fazer o bem. Complemente-me na minha angústia, Senhor. Ajude-me a lidar com esses horrores. Oghene biko — ela chorou.

* * * * * *

Omote voltou para uma casa de luto. O pai dela morreu à tarde. Ele faleceu alguns minutos depois que ela desligou o celular para evitar as ligações das pessoas. Família, inimigos e amigos queriam saber como ela estava e perguntar se ela conhecia aqueles por trás dos cartazes maliciosos tentando difamar ela e a integridade de seu grupo.

Omote foi secar suas lágrimas na atmosfera fria da beira do rio Etíope. O vento frio carregado pelas árvores acalmava seu coração alarmado. Esta notícia a deixou perturbada.

Michael cumpriu sua palavra e agraciou a cerimônia de enterro de seu falecido sogro. Foi uma cerimônia elaborada com a participação de empresários e políticos do estado. Até os inimigos de Omote tiraram suas máscaras para festejar com ela a celebração da vida bem gasta de seu pai.

— Como você está? — Michael perguntou a Omote.

Omote olhou para a segunda esposa dele.

— Você é feliz com sua vida. Por favor assine os papéis do divórcio. Quero seguir em frente com a minha para encontrar satisfação, amor e felicidade.

A mãe de Michael nunca quis a união de Omote com o filho. Mesmo no dia do casamento, a sogra de Omote a tratou com desprezo, uma atitude que contribuiu para a perda de seu casamento com Michael.

Antes de deixar a recepção do enterro, Michael prometeu enviar o documento de divórcio assinado.

— Eu sinto sua falta — ele deu um selinho nos lábios de Omote. Ela fechou os olhos e prendeu a respiração em resposta.

* * * * * *

Nas semanas seguintes, antes das eleições gerais, a mídia divulgou notícias de seu tão esperado divórcio. 'O fracasso no casamento seria o presságio do fracasso nas pesquisas?' Os anúncios nas primeiras páginas dos jornais aplaudiam as oposições.

Os rivais políticos de Omote usaram as notícias de seu divórcio como bases adicionais para criticá-la nos jornais. A termo 'omotogbe' tornou-se um presente para seus rivais políticos e eles usaram isso ao máximo.

Normas sociais patriarcais pareciam conspirar contra

105

Omote. Até algumas 'emetogbi', mulheres que nunca se casaram, sentiram-se superiores por serem respeitadamente solteiras. Elas zombaram de Omote em lugares públicos e no mercado.

— *Ogbe* em 'omotogbe' significa a casa de alguém. Voltar ao lar de alguém é um ato maligno, principalmente quando o outro lar que ele havia deixado anteriormente se mostrou desfavorável, duro e um lugar cruel para se morar? A taxa crescente de omotogbe nas sociedades pode ser confundida com o fato de que mulheres inteligentes e bem-sucedidas intimidam alguns homens.

Um homem que é liberal pode se contentar com a visão de sua esposa, ajudá-la a descobrir sua paixão e realizar ambições refinadas, como seu par feminino. Com o apoio e consentimento dos maridos, poucas mulheres disputam com êxito os cargos em suas comunidades. Omote será uma ótima marca, com ou sem marido — disse uma leitora. Ela pagou ao vendedor de jornais e foi embora com uma cópia.

A mídia estava viva com controvérsias sobre seu divórcio e sua relação com suas ambições políticas. Alguns comentaristas declararam que ela não tinha qualidades positivas para compartilhar com outras mulheres. Uma mulher que não pudesse manter sua casa intacta não seria capaz de liderar uma colônia de famílias, eles argumentaram. Uma mulher que não pudesse ficar sob o domínio de um homem não seria capaz de se curvar às regras da câmara vermelha, da casa legislativa e de sua liderança.

Parecia que não importava o status de uma mulher na sociedade, ela deveria se curvar às regras do marido ou ser identificada como uma pessoa irresponsável, imprópria para seguidores ou liderança. Esses foram os consensos entre os tradicionalistas, que dominaram a opinião pública.

— Mãe, não seria melhor se você apenas retirasse sua candidatura ao senado para se livrar de todos esses dramas injustos — disse Mine.

— Ela não fará isso. Vamos, Mine, você devia ser mais esperta do que isso. Existe alguma lei que declara que uma mulher divorciada não pode concorrer a um cargo? Declarando que é um direito exclusivo para casadas, viúvas ou solteiras?

— Não, mas…

— Sem mas. Mamãe deve concorrer ao senado para mostrar a outras mulheres que também podem. Elas não devem se intimidar para permanecer estagnadas em seu sonho de alcançar uma boa governança. As mulheres têm o mundo a conquistar com grandes habilidades de liderança.

Omote ouviu a troca entre suas filhas.

— Estou feliz com sua forte vontade de emancipação

das mulheres, na governança inclusiva, e na defesa de seu poder e participação. Mesmo que a vitória não esteja no meu destino, é uma vitória que mulheres como minhas filhas estão prontas para ir contra tais discriminações, racismo de gênero, misóginos e opressão feminina na sociedade. Estou muito inspirada — disse Omote.

* * * * * *

Faltando um dia para a eleição, os parentes mais velhos compartilharam os pertences do pai de Omote entre os filhos dele. Os pertences dela eram o terno dele, o relógio de pulso, o sapato, a pasta, o diário e seus discos favoritos dos anos vinte. Ela usou a roupa do pai para dormir naquela noite.

Omote estava inquieta no dia das eleições. A maioria dos votos foi canalizada para a oposição até que o inesperado aconteceu. Muitas mulheres, seus filhos e filhas, marcharam para o local da eleição e começaram a acumular votos para Omote.

Todos os eghweya se reuniram em massa para votar nela. A velha que havia oferecido o lenço para Omote era a mesma emissária de boa sorte que mobilizou mulheres e jovens para votar na Honorável Omote.

— Toda criança que amamentou nos seios de sua mãe

enquanto ela sofria de dores nos mamilos deve votar em Omote — disse a velha.

A velha era a okpako-eghweya, a mulher casada mais velha do grupo. Independentemente de sua idade ou status na sociedade, essa assembleia de mulheres casadas conquistou respeito e suas demandas na comunidade.

Eles exerceram uma grande quantidade de influência em qualquer território que cooperaram para superar. O porta-bandeira do partido da oposição assistiu o voto de sua esposa e cinco filhas para Omote.

Todas as mulheres do mercado mantiveram vigília em seus vários locais e avançaram até o ponto em que todas desceram às cabines de votação para evitar conversas do tipo: *Eu estava presa no mercado de rua, Eko ou Onitsha, onde fui comprar mercadorias.*

Os imighele, rapazes, ficaram vigilantes para garantir que todos os votos fossem contados de boa-fé, maneira e registros precisos. Alguns oficiais desonestos do INEC sabiam melhor do que enganar os jovens rapazes da comunidade. O presidente da juventude era filho do presidente do partido da oposição.

Foi uma vitória esmagadora para Omote. Ela e todas as mulheres, incluindo as que não votaram nela, ficaram muito felizes com a vitória das mulheres. A vitória de Omote colocou a comunidade em júbilo. Omote ficou feliz em saber que outras mulheres em várias comunidades demonstraram solidariedade fazendo campanha com os pôsteres dela. Fogos de artifício explodiram na cidade enquanto mulheres se uniam para ser a guardiã de sua irmã.

— Omote apresentará projetos de lei para ajudar os direitos das mulheres na Casa da Assembleia. — A velha assegurou a multidão.

Outras mulheres pegaram os formulários de associação do partido. Elas disseram que Omote precisaria de vozes de apoio na casa da assembleia e em outras alas governamentais.

— Se uma mulher que gosta de política é prostituta, então a sociedade deve estar pronta para acomodar mais delas. A câmara vermelha deve estar pronta para abrigar prostitutas mais determinadas e inocentes em um governo de prostituição simultânea, com experiência em abortar objetivos, a fim de evitar cumprir seus deveres e responsabilidades — afirmou uma potencial partidária.

* * * * * *

Omote se sentiu ótima ao entrar com confiança na câmara vermelha cheia com apenas homens. Ela colocou a pasta do pai nas coxas, que continham documentos para advogar o desenvolvimento de infraestruturas e os direitos humanitários na sociedade.

Nove

Prazer Viajante

A mulher que cortou uma parte do meu órgão genital quando eu era adolescente me disse que: *"ser circuncidada garantirá que você não seja promíscua e permitirá que seu marido desfrute de sexo com você."*

No entanto, tudo o que a circuncisão havia feito era me manter insatisfeita sob o corpo pesado e suado de meu marido. Eu estava cansada da pretensão de gostar da maneira como meu marido fazia amor comigo. Eu sempre fingi um gemido.

Quando outras mulheres discutiam seus orgasmos explosivos, eu ficava intimidada. Eu nunca experimentei a sensação de receber tanto prazer da masculinidade do meu marido.

A experiência do orgasmo era um exercício estranho para algumas mulheres e para mim. Só nos posicionamos no estilo missionário para receber o ministério solene de nossos maridos. Apenas os ouvimos grunhir em voz alta suas proezas da unção com satisfação em nossos corações, por termos cumprido as escrituras de como uma mulher deveria satisfazer sexualmente o marido.

Poucas donzelas circuncidadas eram castas antes do casamento. Antes da cerimônia auspiciosa, elas devem ter usado todos os tipos de ervas para parecer firmes como virgens e aprender como fingir manchas de sangue.

O que dava às mulheres domadas pelas circuncisão o desejo de deitar com um homem? Independentemente do órgão estimulante retirado, elas ainda desejavam receber abraços, e ser acariciadas e beijadas por um amante.

Eu tinha acabado de dizer ao meu marido que ele nunca me deixou no estágio em que eu gostaria de ter mais dele, tremendo com seus golpes suaves e movimentos lentos, para me fazer gritar seu nome em êxtase. Ele rapidamente saiu das minhas coxas e me acusou de ser infiel.

— Quem é o homem com quem você está dormindo? — Ele gritou para mim e me arrastou pelos cabelos da cama para a sala de estar. Ele exigiu que eu jurasse pela Bíblia Sagrada na mesa central que nenhum homem estava me compartilhando com ele.

Minha recusa em jurar pelo bom livro que eu não fizera esse mal o fez me jogar para fora da minha casa matrimonial.

— Se você não está pronta para confessar, então não há lugar para você nesta casa. Você pode ir ao encontro daquele homem que te ferrou para me fazer sentir inferior entre suas coxas.

Enrolei um cobertor em volta do meu corpo e caminhei pela rua envergonhada. Uma vizinha acabou por me vestir.

— Haba, Brume... Como seu marido pôde fazer isso com você? O que aconteceu?

— Minha querida, fui corajosa em pedir por realização na cama. Foi isso que me levou às ruas esta noite.

Bimbo ficou surpresa: — Sinto muito por ter causado problemas em sua casa com meus conselhos malucos. Eu só quero que você sinta os orgasmos que experimento. O seu pode ser maior. Posso chamar meu marido para falar com ele em seu nome.

— Você só me quer morta, então. Por favor, Bimbo, não estou em condições de voltar para casa. Não sei que crime cometi ao solicitar satisfação sexual de meu próprio marido. Agradeço se puder me emprestar algum dinheiro. Eu quero ir para minha família. Eles virão advogar em meu nome.

— Haba... Como Ovie pôde fazer algo assim. Hmmm, minha amiga, eu só quero que você experimente fazer amor em toda a sua profundidade. Um casal se torna um enquanto se move em uníssono entre corpo, mente e espírito. Nesse momento de êxtase, os amantes ficam inconscientes dos pensamentos, alheios ao tempo, espaço e lugar. É um momento de rendição total. Os amantes se deleitam de todo o coração em prazeres não ditos, mas apaixonadamente sentidos um pelo outro. — Bimbo apertou as coxas para saciar a coceira da umidade que começou a sentir.

— Eu sei Bimbo, está tudo bem. Eu vejo que você está ficando com tesão. Graças a Deus, você tem um marido que lhe dá satisfação sexual de verdade. Você é realmente sortuda.

Bimbo sorriu. — Sinto muito por ter causado problemas em sua casa com meus conselhos malucos. Eu só quero que você sinta os orgasmos que experimento. Eu realmente sinto. Meu marido está no quarto. Eu posso chamar ele para falar com Ovie em seu nome. — Ela reiterou.

— Não há necessidade disso. Por favor, apenas me empreste um pouco de dinheiro. — Agradeci a minha vizinha e parti para a residência dos meus pais em Mowe.

* * * * * *

Minha mãe derramou insultos em mim. Ela declarou que eu havia destruído minha casa com minha necessidade insaciável de encontrar prazer. Minha mãe me disse que meu prazer na cama era garantir que meu marido estivesse saciado.

— Onde ela aprendeu que um homem e uma mulher têm igual prazer na cama? — Ela perguntou ao meu pai.

— Mãe, eu também mereço experimentar essas doces alturas quando meu marido faz amor comigo. Ovie não deveria simplesmente entrar em mim até que ele esteja satisfeito.

— Essa é a gravidez que você deveria estar pensando em conceber? Você não tem planos de nos tornar avós.

— Ovie e eu não estamos prontos para ter filhos. — O pai de Brume olhou fixamente para ela.

— Papa Brume, você está ouvindo sua filha? Essa garota, você não vai me matar. Por que vocês dois adiam ter um filho? O atraso é para que fim?

— Queremos aproveitar nossa vida amorosa antes de ter filhos. Além disso, o trabalho do meu marido o leva para o exterior na maioria das vezes.

Meus pais não viram razão na minha resposta. Disseram-me para voltar sozinha, porque eram incapazes de resolver o meu problema. Eu os acusei de ser a causa do meu dilema com a circuncisão que tirou minha felicidade sexual.

No entanto, eu os avisei que, se não viessem em meu auxílio, meu destino poderia ser instável. Lembrei minha mãe de sua prima, Efe. Efe tinha entrado e saído de cinco casamentos desde que seus maridos não foram capazes de satisfazer seus desejos sexuais.

Um dia, Efe havia me dito que, os meios para mover um homem ou uma mulher para o auge do orgasmo eram tanto por órgãos sexuais quanto por ministração oral. Efe disse que seu novo amante beijava sua vagina e clitóris. Ele usava a língua para empurrar para obter um efeito extra. Ela disse que ele empurrou em sua vagina com o dedo, o que causou sensações borbulhantes por todo o corpo dela.

— *Essas técnicas são particularmente úteis para pessoas como nós, que foram cruelmente mutiladas.* — *Efe havia dito.*

Efe divulgou aventuras impróprias que teve com seu novo amante. Ela disse que seu amante disse uma vez com voz rouca: — *Já que estou curioso para saber por que seus seios são tão frígidos. Eu teria que procurar profundamente para descobrir o que pode relaxá-los para que você me abençoe com um belo miado selvagem… Certo torrão de açúcar? Preciso que você seja minha mulher devassa na cama…*

Ela segurou a cabeça dele e perguntou o que ele estava prestes a fazer. Ele disse que estava procurando o núcleo de sua feminilidade. O que ele fez com a carne crua incorporada em todos os seus anos de orgasmo recessivo despedaçou seu cérebro em um milhão de pedaços.

Ela disse então, que ele colocou a boca na vagina dela e fez o que nenhum homem jamais havia feito com ela. —

Sua língua serpenteou em busca da beleza que restou da minha cicatriz... — Efe sussurrou nos meus ouvidos e riu.

No entanto, eles não podiam se casar. Ela era muito mais velha. Ele poderia passar por filho dela. Ambos não estavam prontos para a reação da sociedade. Efe simplesmente vivia com todos os prazeres que ele poderia lhe oferecer. — *Meu novo amor agora me agrada como um jardineiro cuidando de uma exuberante maçã e de um pomar de cana-de-açúcar... Ele ama todos os cantos do meu corpo.* — Ela riu como uma colegial.

Pensei repetidamente: por que uma sociedade realizava atos bárbaros de circuncidar mulheres quando isso não lhes era bom quando se casavam? Tentei falar com meu marido por telefone em várias ocasiões, mas a linha dele estava inacessível.

Decidi fazer-lhe uma visita inesperada. Saí da casa dos meus pais logo às cinco da manhã. Meu jovem tio me acompanhou até o parque e me deu alguns conselhos. As pessoas presentes podiam notar que ele estava me repreendendo e me confortando.

Cheguei em casa antes que ele tivesse saído para o trabalho. Para minha decepção, vi meu marido, que mal podia cheirar álcool, engolindo conhaque. — O que você fez com si mesmo? — Eu gritei com ele e peguei a garrafa.

Ele cheirava a álcool, os olhos sombrios. Ele me

perguntou se eu tinha ido buscar meus pertences para morar com meu amante, capaz de satisfazer meus desejos e fantasias sexuais. Foi então que percebi que havia realmente machucado o ego do meu marido. Entrei na cozinha, esvaziei o licor restante na pia e enxaguei a garrafa para retirar o cheiro. Coloquei o frasco na lixeira. Eu me virei para vê-lo parado na minha frente.

— Por favor, não me deixe por outro. Não vou suportar te perder. — Ele colocou a cabeça no meu peito.

— Querido, eu te amo muito. Eu nunca poderei te deixar. — Acariciei sua barba por fazer com amor.

— Eu te amo demais, fique comigo para sempre. — Ele me beijou apaixonadamente.

Fizemos amor lentamente. Ele moveu a cabeça entre as minhas coxas. Eu o segurei e o arrastei com ternura para um profundo beijo apaixonado que durou quase uma vida.

Na minha falta de ar devido ao beijo, eu disse a ele que seja lá o que ele queira fazer devia vir do seu coração. A maneira como ele acariciou meus seios me fez sentir amada demais. Quando ele os chupou vigorosamente, eu sabia que ele queria me agradar em todas as medidas, com limitação ao sexo oral.

Fiquei feliz por ele não ter sucumbido ao seu desejo. Eu amei meu homem decisivo e confiante. Nós nos beijamos por mais tempo do que eu jamais imaginei. Ele compartilhou o amor de seus lábios entre meus mamilos. Comecei a sentir uma forte sensação entre as pernas. Ele entrou em minha vagina. Meu marido acariciou e chupou meu seio enquanto ele empurrava com mais força.

Eu não sabia o que aconteceu por um instante. Eu estava a caminho do céu e desejava que meu parceiro amoroso chegasse ao horizonte comigo. Ele fez. Gozamos ao mesmo tempo, gemendo e suspirar. Foi alto o suficiente para despertar a excitação adormecida do nosso casamento.

Enquanto eu estava satisfeita nos braços de meu marido, desejei que a mutilação genital feminina fosse banida em todo o mundo. Nenhuma mulher sexualmente ativa deve enfrentar a negação da felicidade sexual.

Dez

O Fazendeiro Tolo

A cada colheita, Adare, a fazendeira, vendia todos os alimentos da fazenda atrás de sua casa e depois comprava cogumelos processados e tomates em lata no supermercado. Ela era a esposa de Obaro, o pescador que vendia seu peixe fresco e usava parte do dinheiro para comprar peixe congelado para sua família. Ele achava que comer alimentos congelados era o estilo de vida de um homem rico.

Obaro pescava desde os seis anos de idade. Seu pai era o maior pescador entre as nove aldeias de Kodougbo. Obaro veio da linhagem do Pedro da bíblia. Para testar seu chamado ancestral, ele tentou andar no oceano e quase perdeu a vida. Como Obaro, seus ancestrais nunca se desviaram da pesca. A única diferença na prática de Obaro era que eles pescavam nas lagoas e rios de suas comunidades rurais e, em seguida, traziam alguns peixes para suas esposas prepararem sopa.

Obaro estava preparando suas ferramentas de pesca para o trabalho do dia, quando seu filho mais novo veio informá-lo de que um visitante estava esperando na varanda. O amigo de Obaro, Bode, veio com uma proposta de negócio.

— Obaro, devemos ir a Badagry para maiores explorações de pesca. O lado da lagoa limita nossas habilidades e captura. A pesca de grande porte nos trará mais dinheiro.

— O que estou procurando para ir até Badagry para lançar minha rede nos oceanos? Ao contrário de você que compra até absorventes para a sua esposa que fica em casa. Minha Adare cuida dos negócios da fazenda para suprir suas necessidades, as minhas e as de nossos onze filhos — disse Obaro.

Bode insistiu que o potencial do riacho Badagry para uma grande pesca não era muito usado. A aquicultura no corpo d'água poderia ser uma mina de ouro para eles. No entanto, o sucesso exigia trabalho em equipe e grandes finanças para adquirir o maquinário adequado, como barcos e ferramentas, suficientemente fortes para o trabalho no mar. Obaro discordou das propostas de Bode e de outras modalidades de pesca em grande escala.

Ele preferia vender para o 'grandalhão' que estacionava seu carro na ponte Onikan e às pessoas brancas na baía de Tarkwa que adoravam comer frutos do mar frescos. Por causa do frescor do peixe, as pessoas ricas compravam todas as suas capturas do dia, não importando o preço que ele cobrasse, nem que os peixes fossem pequenos.

Obaro era um pescador orgulhoso. Ele acampava apenas nos trilhos das pontes. Ele pegava peixe com anzol preso a vermes, sanguessugas, vairões, sapos, camarões, larvas, salamandras, minhocas e outros insetos.

Seu confiável ajudante impediu Obaro de explorar o riacho Badagry cheio de frutos do mar. A população de peixes do riacho tinha uma diversidade e volume comparativamente mais altos do que muitos outros corpos d'água da África Ocidental.

A ideia de uma mãe e esposa perfeitas para um homem típico da África era a imagem de uma mulher que trabalhava até não aguentar mais para cuidar de seus filhos e marido. Idealmente, em muitas partes da África, uma mulher comprometida era aquela que colocava sua família imediata em primeiro lugar antes de qualquer coisa e de qualquer outra pessoa. Na maioria das situações, ela ficava insatisfeita para agradar a todos.

Algumas mulheres não falavam sobre esses desafios a seus maridos por medo de serem rotuladas como esposas incompetentes e mães negligentes. Por mais árdua que fosse a tarefa, ela sentia prazer em fazer tudo.

Em alguns anos, analgésicos e bálsamos calmantes se tornariam seus maiores companheiros. Ela pode não começar ou terminar um dia sem engolir alguns comprimidos ou aplicar bálsamo quente nos membros.

Obaro voltou para casa com um pacote de comida congelada.

— Oh, meu marido, você se saiu bem. Esse frango com gordura de *orobo* encheria minha panela hoje. Eu também peguei sua carne enlatada e sardinha favoritas. As vendas foram boas e seu filho vendeu toda a carne selvagem que obteve da armadilha hoje de manhã — disse Adare. Ela dissera pomposamente as palavras na frente de um vizinho.

Adare e o marido estavam alheios à ironia de suas perspectivas. A determinação de imitar o que eles viam como um estilo de vida de classe alta os consumia. Eles se tornaram como o homem rico cuja esposa grávida colocou em risco sua vida ao não fazer nenhum exercício, exceto para usar a boca para comandar seus servos.

A mulher rica obrigou uma de suas criadas a caminhar com uma gravidez avançada. A senhora lhe deu pouco dinheiro para a tarifa do transporte para fazer compras. Isso levou a serva a ter um parto descomplicado, enquanto o parto da senhora foi problemático.

Um dia, Bode pegou um peixe muito grande. Ele o reservou para o pote de sua família. Essa era uma maneira de elogiar o trabalho do dia difícil. Quando ele cortou a barriga do peixe, ficou surpreso com os incontáveis diamantes que encontrou.

Onze

Curiosidade ao Amanhecer

O telefone começou a vibrar às 4h53. Não esperei que ele tocasse pela segunda vez antes de o pegar com cuidado da minha mesa de cabeceira. Antes que eu pudesse virar o dedo na direção do botão de resposta, a ligação caiu.

O número era desconhecido. Quem poderia estar me ligando a essa hora do dia? Eu disquei o número, mas não estava disponível.

— Como isso é possível? — Fiquei triste com a terrível conectividade oferecida pela empresa de serviços móveis.

Eu disquei o número da minha linha Airtel e ela funcionou em uma fração de segundo.

— Oh, Graças a deus. — Fechei os olhos em alívio quando o número tocou do outro lado.

— Jessica — disse a voz oca do outro lado.

— Jane. — Troquei o telefone para a orelha direita para ter certeza que tinha ouvido o tom assustado.

— Jessica.

— Sim, Jane, fale comigo. Você está bem?

— Jessica.

Fiquei apreensiva e me sentei.

— Fale, estou ouvindo. O que é minha querida. Você está começando a me assustar.

— Por favor, venha, estou com muito medo.

— Venha para onde?…

— Por favor, desça aqui imediatamente — ela gritou em desespero.

— Certo, estou a caminho. Seja o que for, fique aí. Trovões estão soando aqui. A chuva está caindo violentamente, mas estou pegando as chaves do meu carro. Estou saindo de casa, entrando no carro e já chego. Desafiarei a tempestade só para chegar até você.

— Jessica, por favor, venha.

— Por favor, mantenha a calma, estarei com você em breve. — Jane encerrou a ligação, tranquilizada pelos meus passos.

Eu cheguei na residência dos Peters. A porta estava entreaberta. Entrei na casa escura, imaginando o que estava errado. Lembrei da voz tímida de Jane no telefone. Me perguntei se ladrões haviam estado aqui.

— Não, não pode ser. — Jane teria chamado a polícia.

Eu deveria ter informado a polícia, porque nem tudo parecia bem. Eu estava convencida de que não havia perigo, porque minha amiga não colocaria minha vida em risco. Talvez Jane e o marido tenham tido uma de suas brigas. Um terrível desta vez, eu imaginei.

Chamei Jane e seu marido. A casa estava completamente silenciosa. Fiquei nervosa ao subir insegura os degraus um por um. Havia um lugar que ela estaria. Eu fui ao quarto deles. Vi a porta aberta. Eu congelei quando a vi sentada em uma poça de sangue.

— Oh, meu Deus, Jane, o que aconteceu aqui? O que você fez consigo mesma? — Eu corri para ela, mas ela me parou.

— Não chegue perto de mim. Acabei de matar meu marido. Eu matei Peter a sangue frio.

Foi então que vi a faca de cozinha ensanguentada na mão dela. Meus olhos traçaram uma linha vermelha até o corpo de Peter. Eu afastei meu rosto para longe com horror. Ela o esfaqueou repetidamente nas costas.

— Eu estava possuída. Eu não sei o que aconteceu comigo. Ele estava me batendo como sempre e professando seu amor eterno por mim ao mesmo tempo. Eu não sei o que me dominou. Ele bateu levemente em minhas coxas para me tomar do seu jeito animalesco como sempre. Eu apenas peguei a faca debaixo do travesseiro para terminar tudo. Eu deveria ter me afastado há muito tempo, antes que ele fizesse este animal em mim aparecer. Oh Deus, o que eu fiz.

* * * * * *

Eu olhei rapidamente para o meu relógio enquanto corria para o tribunal. A sala estava cheia de familiares e amigos daqueles que estavam passando por ações legais. Vi que o advogado de acusação não era outro senão o advogado Kingsley Mbaribe, um renomado advogado e defensor apaixonado da violência doméstica. Este seria um caso difícil.

Eu não tinha conseguido garantir a fiança para Jane. Infelizmente, vi o oficial de justiça escoltá-la para o tribunal. Eu gostaria de ter sido bem-sucedida com as condições da fiança. Ela poderia ter se sentado na área de espectadores comigo.

O funcionário do tribunal gritou: — Que o réu se levante. — Jane se levantou com remorso do lado direito do juiz e jurou pela Bíblia Sagrada dizer toda a verdade e nada além da verdade.

Na audiência, apresentei uma série de evidências médicas e fotos de que Jane, minha cliente, havia sido vítima de violência sexual doméstica e brutal desde o dia de seu casamento até a data do infeliz incidente que tirou a vida de seu marido.

Eu coloquei ênfase na relação sexual forçada que ele

teve com Jane. A violência sexual na Nigéria em grande parte não era relatada por causa do ônus da prova necessária para a condenação, bem como do estigma social que ela trazia.

A polícia nigeriana raramente fazia prisão por agressão sexual. Isso resultou em menos denúncias do ato. Na maioria das vezes, era marcado como um problema de família a ser resolvido em casa. Após a audiência, o juiz adiou o caso.

— Uma grande perda espera por você, doutora Jessica — Kingsley sorriu para mim enquanto ele dirigia para fora da área de estacionamento.

Fiquei sentada no meu carro por um tempo, com a cabeça no volante. Os sinais estavam lá antes de Jane se casar com Peter. Ele a agredia sem cessar. Ela costumava dizer que ele era o homem mais piedoso que ela já namorou. Eles não fizeram sexo antes do casamento. Já que ela era uma cristã forte e crente na Bíblia, ela estava feliz que Deus finalmente a havia abençoado com um homem que não a faria pecar.

Não importava se ser agredida era o único preço que ela tinha que pagar. Ela também preferia um homem sem mãe e irmãos. Sua razão era que nenhuma sogra mandaria nela ou a perturbaria em sua casa.

Lembrei do dia em que disse a ela:

— Não sei por que você acha que casar com um crente em Deus que se deleita em dar um soco em você de vez em quando é o melhor para você. Jane, você acha que não ter uma família, boa educação dos pais e amor é o que o torna tão frio? Você já pensou em maneiras de preencher esses vazios na atitude dele?

Ela descartou minhas suposições e disse que estava contente em esconder seu rosto e outras partes sensíveis de seu corpo sempre que ele a batia. Não seria óbvio quando ela recebia os golpes nas costas, ela disse. Portanto, ela tinha acabado de coibir seu corpo, e deixou que ele jogasse sua ira nela. Ela disse que quando eu encontrasse o verdadeiro amor, e de um homem tão crente em Deus, eu suportaria qualquer coisa para manter o relacionamento. Ela disse que era um momento de amor e dor para conduzir o relacionamento ao pódio do casamento.

Eu mantive minha calma quando Jane me disse corajosamente que eu estava com ciúmes. Eu não queria ter um grande desentendimento com minha amiga. Não insisti mais no assunto.

Na noite de núpcias, recebi uma ligação de Jane. A masculinidade do marido era muito grande e ela estava no hospital para dar pontos na parte íntima. Ela nunca havia sentido ou tocado sua excitação antes daquela noite. Ela não sabia que o comprimento e a largura eram extraordinários. A única razão pela qual Peter nunca concordou em fazer sexo era que todas as mulheres que tiveram um vislumbre de sua masculinidade fugiram dele.

Depois daquele dia, qualquer recusa em fazer sexo com ele lhe rendeu mais espancamentos, e ele era um maníaco em suas demandas sexuais. Ele queria sexo todos os dias. Houve um dia em que ele ameaçou jogá-la pela varanda se ela o impedisse de penetrar em seu ânus. Jane teve que dar as costas para o ataque para salvar sua vida.

Eu sabia que deveria ter relatado à polícia, conselheiros e ONGs, apesar de ela ter me dito para 'cuidar de sua própria vida'. Eu deveria ter deixado as consequências de lado e tentado fazer as coisas certas para minha amiga e seu marido. Partiu meu coração ver minha amiga atrás das grades. Ela se tornara uma sombra até do seu eu brutalizado.

As percepções de violência doméstica variavam de acordo com a região, religião, mentalidade individual e classe. Jane tinha visto com piedade a agressão de Peter como um 'sinal de amor', uma espécie de posse conjugal de um ente querido.

Todas as evidências apresentadas perante os tribunais pelos vizinhos mostraram provas da agressão constante de Peter à sua esposa. Ele nunca parou com seu comportamento violento, apesar do que diziam para ele e ameaçarem denunciar seus atos à polícia.

Alguns parentes do falecido se apresentaram para testemunhar como os maus-tratos de sua mãe por parte de seu pai podem ter influenciado seu caráter. Seu falecido pai havia espancado a mulher até o túmulo, mas desta vez as mesas estavam viradas quando Jane o matou antes de ele fazer isso.

Jane se declarou culpada de assassinato não intencional. O juiz sentenciou Jane a doze anos de prisão com reabilitação psiquiátrica.

Doze

Pacto Perigoso

Em um minimercado, pessoas viam um cenário com admiração, emoção, medo e pena. Gritos emanavam do mercado de mulheres, compradores e motoristas, enquanto corriam e dirigiam em círculos confusos. Eles tentavam escapar dos tiros que rugiam. Eles corriam confusos, com medo de pequenos punhais afiados empunhados no ar e seu caos iminente se acertassem em vítimas inocentes que poderiam deixar dezenas de feridos ou mortos.

Era mais um ano de formatura, os exames finais para o Ano Final dos Irmãos - AFI estavam em andamento, e com isso anunciavam muitos assassinatos dentro e fora do campus. Os cultistas estavam caçando e matando membros perdidos ou rivais.

Um velho protestou e começou a pregar como Deus ajudaria aqueles que se ajudavam. Isso esgotou sua sensibilidade no por que jovens promissores se envolveriam em cultismo; um jogo sangrento de vidas mutiladas e destinos reprimidos.

Quando a crise associada ao cultismo surgiu,

propriedades, vidas de vítimas e pessoas inocentes foram perdidas. Na luta, os cultistas mutilaram ou mataram alguns administradores da escola. Além disso, eles destruíram as propriedades da escola.

Eles apostaram exuberantemente com suas vidas apesar dos avisos e conselhos de seus pais. O homem idoso foi esperto em se esconder sob a pesada bandeja de um vendedor de laranja.

Perseguido por homens armados, o garoto fugitivo estava quase exausto, com os gritos de espectadores aterrorizados em seus ouvidos. Ele estava prestes a desistir quando uma moto acelerou e parou ao seu lado. O motociclista usou a moto para levantar nuvens de poeira para obstruir os homens armados e distrair os espectadores.

O motociclista estendeu a mão para ajudá-lo a subir de onde estava a meio caminho do chão. O jovem deu um pulo no banco de trás com a habilidade de um ginasta. Os pneus cavaram a terra, moendo a areia em jatos antes de dispararem em meio a aplausos, apoio, diversão, horror e perplexidade do povo. As mulheres do mercado estremeceram.

Cultos secretos eram comuns em escolas de todo o mundo. Esse vício social estava consumindo o padrão educacional e moral das gerações futuras. Inocentes caíam no vício, assalto à mão armada, prostituição, assassinato e outras depravações.

Gbemu decidiu dar uma passada em seu albergue, apesar da desaprovação do motociclista de que era uma ideia idiota, uma missão suicida. Ele enfiou a mão no bolso de trás para pegar a chave e destrancar a porta. Ele não conseguiu encontrar a chave. Ele achou que deve ter deixado cair durante a perseguição. Ele bateu com força na porta com o ombro.

Isso foi desnecessário porque a porta estava destrancada. Ele correu para a sala e viu seu irmão mais novo morto. As mãos de Ese estavam frias, mas ainda seguravam firmemente seu Livro de Botânica.

O motociclista segurou os braços de Gbemu:

— Droga. Oh, meu Deus. Meu G, eu te disse que vir aqui era uma má ideia. Vamos deixar este lugar. Fui instruído a mantê-lo seguro. — Gbemu libertou os braços do aperto do motociclista.

Eles haviam matado seu único irmão antes de ir atrás dele. Os olhos de Ese espelharam o apelo e o choque que ele teve quando viu os diferentes tamanhos de facão que haviam levantado para matá-lo.

— Meu irmão inocente não tinha ideia de que seria morto nessa bagunça. Ele nunca cometeu nenhum crime contra homem ou animal. Ele era apenas um vegetariano promissor, apaixonado por seus estudos.

A morte de seu irmão o atormentou. Ele podia ouvir o pai contar à mãe. *É melhor você levar esse garoto que não serve para nada de volta para onde ele veio. Duvido que ele seja meu.*

Oh Gbemu, eu gostaria que eu e seu pai tivéssemos usado preservativo no dia em que você foi concebido. Talvez nosso destino teria sido muito mais leve do que essas séries de grandes vergonhas que você traz à nossa casa.

Eles costumavam castigá-lo por ser a ovelha negra da família. Gbemu fez com que eles sempre tivessem problemas e pagassem enormes quantias por seus excessos sem valor. Seus pais haviam tentado de tudo para fazê-lo mudar para melhor. Eles não sabiam de onde ele tinha pego todos os seus maus hábitos.

— Vamos lá, Gbemu, eles estiveram aqui e podem voltar novamente. Este é o último lugar que você deveria estar. — Eles correram e nunca olharam para trás.

Treze

Herança da Viúva

Seu segundo marido morreu. A pequena mulher de luto, ficou consternada no centro do quarto. Anne estava prestes a ser herdada como esposa pela segunda vez. Seu primeiro marido morreu em um acidente de avião, deixando ela e um filho ainda em seu ventre. A menos que ela se casasse com o irmão dele, Anne não tinha direito a propriedade dele.

Sob a lei consuetudinária, um parente do marido falecido poderia herdar a viúva como esposa. Apesar de a gravidez já estar com três meses, Henry havia exercido seus deveres matrimoniais com Anne. O peso de suas investidas era como uma pílula de aborto. A consumação a fez se sentir uma prostituta barata.

Não havia lugar para onde ir. Seu pai jurou não devolver o preço da noiva, o que, se ele tivesse feito, a teria resgatado do destino de esposa herdada. Em uma explosão, ele declarou que preferia vê-la ser trocada do que tê-la volta em casa.

Enquanto andava devagar em direção à varanda, Anne refletia sobre por que a sociedade zombava de incesto, adultério, bigamia e outros laços obscenos e, por outro lado, o casamento levirato era aceitável em algumas sociedades do mundo.

O casamento levirato poderia, no seu ponto mais positivo, servir como proteção para a viúva e seus filhos. Isso pode garantir que eles tenham um provedor e protetor masculino. O casamento levirato pode ser positivo em uma sociedade em que as mulheres não são autossuficientes e confiam nos homens para sustentá-las.

Isso acontece principalmente em sociedades em que as mulheres estavam sob a autoridade, dependendo, em servidão ou são consideradas bens de seus maridos. Essa prática servia para garantir o crescimento e a sobrevivência do clã. Ter filhos possibilitava a herança de terras, que ofereciam segurança e status.

Dois pilões esculpidos na mesma árvore entraram nela. Anne duvidava que ela pudesse acomodar o terceiro. O sobrinho de seu primeiro marido, seu afilhado, quinze anos mais novo, foi o próximo a se casar com ela. Anne ficou muito triste.

Para Anne, esses fatos foram a última gota que causou uma revolta. Isso acelerou sua determinação de tomar a decisão de sua vida. Que segurança ela procurava para que seu corpo sucumbisse a uma degradação ainda maior, com ataques maiores a sua dignidade?

Ela colocou uma perna do outro lado da varanda e a outra com mais cuidado ao pular e entrar no quarto. Ela embalou seu bebê adormecido no peito.

— O que é pior, essas mulheres desvairadas viriam com suas tesouras, facas e lâminas infestadas para sangrar meu pobre bebê e cicatrizá-la eroticamente por toda a vida em nome da circuncisão.

Algumas tradições étnicas — práticas nascidas da ignorância ou do egoísmo haviam machucado e assustado muitas pessoas. Eles haviam rompido corpos e emoções.

— Eu tenho que levar minha filha para muito longe, caso contrário ela ficaria amarrada como eu.

— Ei mulher, saia. Está na hora da introdução — gritou um homem do lado de fora da sala.

Ela fechou os olhos com força e chorou:

— Oh, querido, oh Tony, eu queria estar naquele voo. Teria sido muito mais honroso ter meu túmulo ao lado do seu do que suportar esse ciclo de loucura luxuriosa e egoísta em que estamos presos.

Ao amanhecer, Anne saiu de casa, com a filha amarrada às costas, iniciando uma jornada para um futuro antecipado, mas desconhecido.

Catorze

Esperança

A desumanidade de homem para homem era uma parte da vida cotidiana que se tornara quase trivial. Era parte integrante da sociedade, expressa como discurso corrosivo ou ação brutal. A loja dele reduzida a cinzas. Onovughe se reduziu a nada. O comerciante outrora próspero mal conseguia encontrar seus pertences. Ele não sabia de que ângulo reunir as peças espalhadas por todo o lugar de sua ruína e começar uma nova vida.

Os culpados não haviam poupado a esposa e a filha de seis meses na incineração. O melhor amigo de sua falecida esposa havia telefonado para ela à meia-noite para comprar suprimentos de emergência na loja.

Quando Onome entrou com o bebê amarrado às costas, Susanna, sua amiga, fechou as pesadas portas atrás deles. Ferrolhos e dobradiças presos do lado de fora.

Susanna e outros haviam dançado e cantado canções de guerra enquanto colocavam combustível ao redor do prédio. O fogo se espalhou, um vento selvagem que devastou tudo o que ele tinha no mundo.

Onovughe chorou como um gatinho perdido quando algumas pessoas o impediram de salvar sua família. O trabalho de sua vida desapareceu diante de seus olhos. Onovughe e sua família foram vítimas de xenofobia.

Rapazes e moças realizaram o ataque criminoso, mas os anciãos alimentaram o ódio dos jovens e o lideraram secretamente. Suas queixas eram contra os emigrantes, na usurpação das oportunidades econômicas. Os nativos espalharam assassinato e caos contra esses emigrantes, companheiros africanos de países que antes os apoiavam na luta antes do surgimento de uma África do Sul livre do apartheid.

Onovughe fez as malas para se mudar para a Nigéria; nada mais o ligava ao local de sua ruína. Ele reservou o último voo porque queria que sua chegada fosse a noite. Evitaria, assim, quem pudessem rir de suas malas vazias depois de se gabar das façanhas econômicas que realizaria no exterior.

No início de sua busca, Segun, seu amigo zombou dele. Ele havia dito que, enquanto outros planejavam e lutavam para se mudar para a Europa e os Emirados Árabes Unidos, ele estava se reciclando na armadilha mortal da África. Onovughe riu disso.

— *Qualquer lugar está no exterior, mesmo que seja a República de Benin. Qualquer lugar longe da Nigéria é no exterior porque eu vou atravessar uma fronteira. Eu irei para a África do Sul. Vou morar em Freetown. É melhor do que essa masmorra de morte, miséria, frustração, desemprego e salários repulsivos quando alguém finalmente consegue um emprego comum. Qualquer coisa, cara, qualquer passo fora das margens deste banco de naira sem valor. Até essas pessoas de Níger estão deixando seus empregos aqui porque a moeda da Nigéria não é mais a 'nota de dólar' em seu país de origem. Eu tenho que fazer uma caminhada, meu rapaz.*

Segun eventualmente desejou que ele fosse bem-sucedido em suas jornadas. — *Vá e tenha sucesso para você e sua família. Se meu amigo se tornar um homem grande, também sou um homem rico.*

Mal sabia o emigrante esperançoso que, apesar de o país que ele estava indo ganhar sua independência do domínio político dos colonos europeus, a maioria das mentes de seus cidadãos ainda estava acorrentada, com o resíduo da brutalização geracional.

Todos os desejos do bem chegavam a frutos, mas esses frutos eram agora um presságio empoeirado quando ele embarcou em seu voo. Insultado sem piedade, Onovughe teve que sair, antes que o espírito de vingança o possuísse e ele revidasse como um animal sem razão.

Quinze

Castidade

Ovbighite e sua esposa pareciam pensativos.

— Okanabe deixa estar. Confrontar o garoto vai estigmatizar o nome da nossa família. Pense na reputação da nossa querida filha — Ovbighite deu um tapa em uma mosca que voava perto de sua orelha. Raiva e impaciência agitaram o rosto de sua esposa. A mosca voltou para pousar na boca dele. Ele olhou para sua esposa que murmurava. *Essa pode ser uma mosca fêmea.* Apertou a boca com as palmas das mãos curvadas e a prendeu. Ficou feliz ao sentir que a mosca dançava em sua jaula, mas a irritante escapou. Ovbighite fez uma careta. A voz de sua esposa o sacudiu.

— O que tem num nome? Ovbighite, parece que você não se importa com o mal que foi causado à nossa filha.

Ele parecia magoado: — Por que você diz isso? Eu me importo. Eu só quero que você pare de adicionar combustível a este incêndio. Está nos queimando. Isso vai machucar mais a nossa filha. Está causando mais mal do que bem para nós. Por favor.

— Não vou, você não pode me desencorajar de buscar

a justiça e a verdade. Por que deveria ser a mulher a desgraçada em um caso de estupro? Era incrível como, em séculos distantes, as donzelas amarravam uma embalagem que fica em suas coxas e escondiam os seios com um tecido fino. O homem tinha muita consideração pela castidade delas. Olhando para elas, eles não viam uma mulher solta, mas uma esposa em potencial. Minha filha estava decentemente vestida, mas foi estuprada.

Ovbighite balançou a cabeça: — Minha querida, essas normas não são novas para mim. Os meninos de hoje em dia me assustam. Não criamos nossos filhos dessa maneira. De onde eles aprenderam esse comportamento horrível? Prestígio era um cultivo de nascença, ser pobre ou rico não permitia que ninguém fizesse o contrário. Ir contra as leis da tradição atraia terríveis tribulações. No entanto, a civilização que deveria ser uma elevação para as sociedades gera uma barbárie vista e não vista. Com o fato de a maioria das mulheres usar roupas decentes, homens estúpidos as tocavam sem convite e as marcavam por toda a vida. A maioria das vítimas é forçada a cometer suicídio para evitar a vergonha. — Sinto falta dos velhos tempos com decoro — ele a encarou com força. — Okanabe, a imprensa e toda a comunidade estão começando a saber disso. Não quero perder minha filha.

Okanabe convenceu o marido a apoiá-la. Ele concordou, mas não as acompanhou até a casa do estuprador.

— Kite, estamos todos com você. Nós a acompanhamos para que nos mostre o homem que a estuprou. Você está carregando evidências disso no seu ventre — Kite soluçou em silêncio — sua família está com você. Não há nada a temer — disse Okanabe.

Kite apontou um dedo trêmulo para Ababo: — Foi ele quem me colocou em um caminho familiar.

Ababo avançou para ela com o punho cerrado. As quatro irmãs de Kite o impediram de alcançá-la. Okanabe apareceu no meio delas.

— Não ouse. Mais um passo ameaçador em direção à minha filha, e eu prometo Ababo, assumirei quaisquer consequências por minha ação drástica. Vou lutar pela honra da minha filha até minhas últimas forças.

— Sua filha não tem honra. Vários homens se deitaram com ela e ela não sabe dizer quem é o pai do bastardo que ela está carregando. — Ababo cuspiu e olhou para a família de Kite com nojo. Ele empurrou as quatro irmãs para fora do caminho. Ele ajeitou sua camisa com babados e foi embora.

— A inocência da minha filha vai provar que ela disse

a verdade. Marque este dia Ababo, a verdade em breve libertará minha filha. Nosso deus vai fazer você ficar louco por suas más ações. Venha Kite, vamos embora.

Seguindo seus passos arrastados, o pai de Ababo perguntou novamente se ele era responsável pela gravidez de Kite.

— Papa, eu não sou responsável pela gravidez. Vários homens a tiveram naquele dia.

— Foi um estupro coletivo? Que desprezível — seu pai cuspiu para ele — bem, Kite só conseguiu se lembrar do seu rosto.

— Papa, isso é porque a poção desapareceu quando eu estava perto do orgasmo. Eu queria sair, mas seus cílios esvoaçantes eram fascinantes. Kite deve ser uma bruxa doce. — A luxúria alcançou seus olhos quando sua masculinidade levantou.

— Fique quieto, Ababo. Fique quieto antes que eu quebre sua boca com a cabeça da minha arma de caça. Você é tão sem-vergonha de ter a coragem de contar seus atos inúteis.

Sua mãe estava ao seu lado num instante: — Meu filho, você foi o último homem que a teve, certo? — Ababo assentiu. — Oho, você o ouviu.

— Deixe sua consciência libertá-lo desse crime presunçoso. Você usou as *palavras* do seu filho sobre aquele gesto tolo.

Etako sibilou e desviou o olhar. Ela ficou furiosa por um tempo e arrastou a mão de Ababo.

— Meu filho e eu não vamos ficar aqui e ouvir suas besteiras.

— Vá em frente. Vá em frente e o mime. Um dia, você colherá as consequências de suas ações.

— Você também não será poupado. Você sabe que seu filho é um estuprador, mas você o protege. Por que você não vai à praça do mercado e grita que seu filho é um estuprador?

Ele apontou o dedo para a esposa:

— Etako... — Mãe e filho foram embora.

Poucos meses depois, Kite colocou um véu sobre o rosto; ela fazia isso sempre que andava pela vila. Ela preferia ficar em casa, mas tinha que exercitar os membros. As pessoas zombavam dela.

— O caráter dela agora é evidente. Ela carrega a verdade de sua natureza solta. Que garota desavergonhada ela é — disse uma mulher.

Kite não suportava outra zombaria. Ela começou a correr. Kite teve uma contração. Ela parou de correr e se abaixou no chão. Seus zombadores correram em seu auxílio. Elas removeram suas coberturas extras e chamaram algumas crianças para colocar os tecidos ao seu redor delas.

Algumas mulheres limparam o bebê. Kite deu à luz uma menina, uma réplica de Ababo. Uma velha olhou para Kite e sorriu:

— Uma criança que deseja remover a vergonha dos olhos de sua mãe terá uma semelhança impressionante com o pai que negou a gravidez.

FIM